国旗・国歌と日本の教育

所 功

はじめに

本書は、最近数年間に学外で機会を与えられて講演した記録のうち、主題に関する左の四点を集成したものです。それぞれに若干加筆し、また重複調整も行いました。しかし、参照した論著はごく一部しか挙げることができず、また立論の必要から類似の説明でもあえて残したところがあることを、先学および読者にご了承願います。

第一章　原題　国民会館叢書13『日本の国旗・国歌――「日の丸・君が代」の歴史と意義――』
（平成六年十一月十八日、大阪、第六五八回武藤記念講座）

第二章　原題　国民会館叢書29『日の丸・君が代の法制化と公教育の役割』
（平成十一年九月二十五日、大阪、第七八三回武藤記念講座）

第三章　原題　日本教師会叢書23『日本の伝統と学校教育――象徴天皇の共通理解――』
（平成八年八月二十三日　岐阜、第三七回全国教育研究大会）

第四章　原題「〝ミカドの国〟日本の再発見」（講演要旨）
（平成十一年十二月二十三日、松山、天皇御誕生日奉祝・日本会議愛媛県民大会）

本書の刊行には、平成八年秋、拙著『皇室の伝統と日本文化』を誠心誠意まとめあげてくださった横山守男氏（現在モラロジー研究所出版部部長）の格別なご高配、及び編集三課の加藤正氏と加島亮伸氏の懇切なご尽力を賜りました。また、もとの講演記録を作る際、財団法人国民会館の湯之恵正行館長と日本教師会の朝比奈正幸事務局長に何かとお世話を頂きました。ここに併せて心から御礼を申し上げます。

今上陛下御即位満十年という節目の卯年に、戦後の教育現場で必ずしも正当な扱いを受けてこなかった「日の丸・君が代」が、法律で日本の国旗・国歌として明文化されたことは、まさに画期的な出来事です。ようやく日本再生の息吹が感じられます。

ただ、この元日の『中日新聞』などに掲載された世界五か国の世論調査を見ると、「自分の国を誇りに思う」人は、アメリカ九〇％、タイ八八％、中国七六％、フランス七五％、日本七一％、また「命をかけても国を守る」人は、中国七九％、アメリカ七七％、フランス六七％、タイ五九％、日本二〇％となっています。このような現状を踏まえて、日本が新世紀の世界へと雄飛するために、国際的・教育的な視野から「日の丸・君が代」問題を具体的に論じた本書が、少しでも役立つことを念じております。

（平成十二年庚辰正月七日　記）

国旗・国歌と日本の教育

目次

第二章 「日の丸・君が代」と公教育 ……59

第三章　日本の伝統と学校教育……141

カバー・表紙デザイン／㈱エヌ・ワイ・ピー

人名索引

第一章　日本の国旗・国歌

はじめに——何が問題か——

昭和から平成への御代替り頃から、内外ともに大きな変化が続出しています。とりわけ、平成六年（一九九四）、最もびっくりさせられたニュースは、自民党・さきがけと社会党とが手を結び、社会党でも左派系の村山富市氏が総理大臣に選ばれたことです。しかも、その機会に村山首相も社会党も、従来の基本政策を大幅に転換して、長らく保守的な自民党政府のとってきた重要政策を大筋で追認する方向に進みつつあるようにみられます。これを〝君子豹変《くんしひょうへん》〟だと揶揄《やゆ》する声も聞こえますが、遅ればせながら率直な〝変身〟を遂げたと評価すべきかもしれません。

ちなみに、「君子豹変」という諺《ことわざ》は、今あまり良い意味に使いませんが、元来『書経』に出る言葉で、「徳の高い君子は、あやまちを改めて善に移るのが、すみやかではっきりしている」（『日本国語大辞典』）ということです。もっとも、日本社会党（その後、社会民主党）の〝豹変〟ぶりは、決して「すみやか」でなく、いまだ必ずしも「はっきり」しないところがあります。国旗・国歌の問題についても、例外ではありません。

たとえば、昭和六十年（一九八五）八月発行の『季刊教育法』五八号「日の丸・君が代」特集では、「わが党の見解」として「日の丸を国旗とし、君が代を国歌とすることは、ともにふさわしくない。……社会党は国旗・国歌にしばられない新しい時代、豊かな国際人にふさわしい人間を、子供のときからつくり出したい」と表明しています。しかし、六年後の平成三年十一月、「日本社会党シャドウキャビネット委員会」の打ち出した見解によれば、「日の丸」は「国際的にも広く認知されている」のだから条件つきで「認めてもよい」が、「君が代」は「国民の納得がえられない」から「改めて制定する」べきだ、と少し軌道修正をしています。しかも、三年後の平成六年九月三日、「当面の政局に臨むわが党の基本姿勢」を決めた臨時大会では、

「日の丸」は国旗であり、「君が代」は国歌であるとの認識にたちます……今日これらは国民の間にも定着しており、今後はこの国民意識を尊重して対応します……しかし個人の選択を狭めることになる国旗掲揚などの法制化には賛成できない……。

との新しい方針を明らかにしました。つまり、今では「日の丸」を国旗と認めるのみなら

ず、「君が代」も国歌と認めるところまで〝進歩〟したのです。ただ、依然その「強制には賛成できない」と、消極的なことは否めません。

そのため、村山首相は、就任以来、たとえば平成六年十月十二日の衆議院予算委員会においても、社会党の新方針を踏まえ、入学式や卒業式などにおける国旗掲揚・国歌斉唱を容認しながら、「指導を受ける側（生徒）がどう受けとめるかは心の問題で、強制することは慎重でなければならない」と答弁しています。それに対して、与謝野馨《よさのかおる》文部大臣（鉄幹・晶子の直孫）は、従来の自民党政府・文部省の見解と同じく、「学校において、責任者の校長が教師を指導し、それを受けて教師が生徒を指導するのは当然」と明言した上で、その指導に際しては「創意工夫も入る余地がある」と補足しています。

したがって、この問題の分かれ目は、これからも、前者のように及び腰のまま放っておくのか、それとも後者のように積極的に進もうとするのか、ということであろうと思います。しかも、それは今やますます国際化の著しい日本において、私どもが国内ですら通らない場当たりな態度を続けるのか、それとも世界に通用する明確な見識をもって臨むのか、という大きな課題の一端にほかなりません。

そこで、この機会に日本の国旗と国歌に関する基本的な問題点を取り上げ、それを可能な限り実証的に説明したいと思います。これが、もし今後の〝国旗・国歌〟論議に少しでも参考になればと念じています。

一　パラオ独立とアジア大会

平成六年（一九九四）の六月と十月、天皇・皇后両陛下がアメリカ合衆国とフランス・スペイン両国を公式訪問された際、先方は天皇を日本の〝元首〟とみなして、どの歓迎式典でも「日の丸」を揚げ「君が代」を奏し、二十一発の礼砲で最高級の敬意を払いました。それに準ずる光景は、同年十一月にアラブ諸国を歴訪された皇太子・同妃殿下に対しても見られました。

また、平成六年十月一日には、太平洋上のパラオ共和国が独立を遂げました。パラオ（Palau：現地名 Belau）諸島は、第一次大戦後、ドイツ領から国際連盟の委任統治領として日本が三十年余り統治し、現地人に近代的な教育や技術指導などを行い、日本人もたくさん（昭和十年代には二万人以上）移住していたのですが、第二次大戦後、国際連合の信託統治領としてアメリカの施政権下にありました。しかし、昭和五十六年（一九八一）に自治政府が発足し、平成六年秋、ようやくアメリカとの自由連合盟約により、世界で一八八番目の独立国となったのです。

その独立記念式典に関するニュースを見て驚いたことは、まず大統領が日系二世の中村クニオ氏（五十一歳、父親は伊勢市出身の船大工）であること、また、その国旗が「日の丸」（日章旗）とよく似た「月の丸」（月章旗）であること、さらに現地の人々が極めて親日的らしいことなどです。そこで、現地に詳しい名越二荒之助《なごしふたらのすけ》先生（高千穂商科大学前教授）に真相を尋ねたところ、早速いろいろな資料を送ってくださいました。

そのうち、国旗に関することだけを紹介しますと、これはすでに十四年前、自治権を獲得した際、一般から公募して決められたもので、すっきりした旗なのです。バックが青色、中央の丸が黄色になっており、青はパラオ諸島を囲む海とその恵みを表し、黄の丸は満月とパラオ国民の調和を表す、というのが公的な説明です。しかし、現地の古老は「日の丸」を参考にして「月の丸」を国旗にしたのだといっているそうです。ちなみに、南洋神社跡に建てられたパラオ戦死者顕彰碑の写真を見ると、その台座には、同じ形の日章旗と月章旗が左右に仲良く刻まれています。

もう一つ、国旗・国歌がクローズ・アップされたのは、平成六年十月二日から、四十二の国と地域から一万人近い参加者を得て広島で行われた第十二回アジア競技大会のときです。その様子は連日テレビや新聞等で報じられました。

たとえば、私のスクラップした注目すべき記事を紹介しますと、まず初日の開会式では、大会スローガン「アジアの調和」を表す地元の中・高校生等によるマス・ゲームに続いて、林康子さんが主催国の国歌「君が代」を見事に独唱されました。彼女は「日本を代表するソプラノ歌手で……世界的に活躍し、数年前にも東京ドームで〝君が代〟を歌ったことがあり」、そのうえ、今回も選ばれたことを「たいへん光栄です」と感激していました（『産経新聞』平成六年九月二十七日朝刊「人」欄）。

ちなみに、同年四月九日、プロ野球セ・リーグの阪神対ヤクルトの開幕試合に際して、オペラ歌手の中島啓江さんとアメリカの歌手スーザン・オズボーンさんが「君が代」を歌うため、「猛練習中」と報じられたことがあります（『朝日新聞』平成六年四月五日朝刊）。

スポーツのセレモニーに国歌を用いるのは、高校野球や大相撲だけではありません。

また、十月九日のマラソンでは、いろいろなドラマが見られました。優勝したのは韓国の黄永祚選手ですが、彼はゴールのテープを切ってからも「太極旗《たいきょくき》を揚げて、猛スピードで（グランドを）駆け回った」だけでなく、インタビューに「国家の自尊心をかけて走った。個人の記録より、国家（の代表選手）として勝つことを祈っていた」と答えています（『中日新聞』平成六年十月十日朝刊）。なお、ほとんどラストに近かったのは、二十年ぶりに平和を回復して参加したカンボジアのトー・リヤト選手ですが、彼も「祖国の名誉をかけて完走」することに全力を傾け、「国旗を右手に涙のゴール」を果たしています（同上）。

さらに、全日程が終わった段階で、金銀銅のメダル獲得数を調べてみると、中国の二百八十九個、日本の二百七個、韓国の百七十九個が断然多いことは確かです。しかし、それについでカザフスタンの七十七個、ウズベキスタンの四十個など、旧ソビエトから独立した西アジアの国々も予想以上に活躍し、初参加のアジア競技大会で祖国の国旗を仰ぎ国歌を歌う選手たちの顔に、独立の喜びが満ちあふれていました。

ともあれ、ふだん国旗・国歌に関心の薄い日本人も、それがいかに大きな意味をもっているか、この機会に感じとることができたのではないかと思われます。

二　古来愛用された「日の丸」

それでは、私どもの生まれ育った日本の国旗・国歌には、どのような歴史があり、また意味があるのでしょうか。これについては、すでに多くの解説書がありますし、私も数年前『国旗・国歌の常識』という小著を出したことがあります（平成二年初版、同五年新訂版＝東京堂出版刊）。したがって、ここでは重要なポイントだけを申し上げます。

すなわち、国旗「日の丸」に関しては、そのデザインの来歴と、それが日本の国旗として採用され公認されるに至った経緯とを明らかにしておきたいと思います。この両方について参考になるのは、名古屋の尾崎久彌氏が昭和九年（一九三四）早々、前年十二月二十三日の皇太子殿下（今上陛下）御降誕を祝して、篤志家の援助により編纂された『國旗考』と題する書物です。これには関係史料を丹念に収集考証してあります。

まず「日の丸」の日は、単に太陽を表すというだけでなく、「日出《い》づる処《ところ》」「日の本《もと》」の我が国を表すといってよいと思います。その日章をデザインに用いた古い例は、大宝元年（七〇一）正月元日、藤原宮の大極殿《だいごくでん》で行われた朝賀《ちょうが》の儀において「左（東）に日像《にちぞう》・青龍・朱雀の幢《とう》、右（西）に月像《げつぞう》・玄武・白虎の幢」を樹てたことが、正史『続日本紀《しょくにほんぎ》』に見えます。ただ、この「日像幢《にちぞうどう》」は、円板に金箔を塗り、その中に赤烏を描いた日形の下に九輪を吊す（円板に銀箔を塗り、中に白黒の菟を描いた月形の下に九輪を吊す「月像幢」と対をなす）もので、風にはためく旗とは全然イメージが異なります。

そこで、現在の「日の丸」に近いデザインを探すと、平安末期（十二世紀末）の源平合戦の頃から「日出したりける紅の扇」が『愚管抄』や『保元物語』『平家物語』等に見えます。ついで、松平定信編の『集古十種《しゅうこ》』によれば、鎌倉初期に千葉胤道所用の日月を描いた小旗が武蔵国葛飾の牛御前神社にあり、また南北朝期に後醍醐天皇から下賜された「地平絹、日の丸朱」の御旗が大和国吉野の堀家にあると記して、ともに図を揚げています。それが本物の写しかどうか定かではありませんが、建武中興《けんむのちゅうこう》（十四世紀前半）の頃から官軍のシンボルとして「日月を金銀にて打ち着けたる錦《にしき》の御旗《みはた》」を用いていたことは、『太平記』や『梅松論』に明記されています。

　ただし、「日の丸」をハッキリと旗に用いたことが確かめられるのは、戦国時代も後半に入ってからです。たとえば、武田氏は「白き地に日の丸を出し」た小旗を用い（『甲陽《こうよう》軍鑑』）、上杉氏が「紺地の四半物に朱にて日の丸書き候一本と白地に黒く毗《び》の一字書き候四半と」を使い（『会津陣物語』）、伊達《だて》氏も「日の丸の小旗を立て靡《なび》」かす（『藤葉栄衰記』）等、多くの武将が愛用したと伝えられています。また慶長五年（一六〇〇）の関ヶ原合戦には、足利学校の学僧三要が「白練朱丸の内へ〝学〟の一字を書き給ひし（旗）指物《さしもの》」を徳川家康に与えており（『右文《ゆうぶん》故事』）、酒井家次らの陣にも「日の丸」を描いた旗指物が並んでいます（『関ヶ原合戦図屏風』）。

　そのためか、江戸時代に入ると、徳川の本家でも御三家でも、この日章を旗印などに用いた例が多く見られます。とりわけ幕府自身がだんだんこれを公的な印として使うようになると、他では遠慮せざるをえなくなりました。たとえば、寛永十年（一六三三）建造の将軍御用船「安宅丸《あたけまる》」古図には、縦長の旗に「朱丸」がいくつも描かれており、また延宝元年（一六七三）には、幕府御用の「御城米廻船《ごじょうまいかいせん》」に対して「白き四半に大なる朱の丸を付け」て航行するよう申し付けています（『牧民金鑑』）。

なお、鎖国以前に東南アジアで活躍した朱印船の絵馬を見ますと、角倉《すみくら》船は長方形の白地・黒丸の中に(角)字を白く染め抜いた旗、末次《すえつぐ》船は四角の白地・赤丸枠の中に(平)字を黒く書いた旗を、それぞれ船首に掲げています。また、山田長政が雄飛したシャム（タイ）の首都アユタヤにあった寺院の壁画「日本人傭兵《ようへい》隊図」（模写現存）には、四角の金地に赤い日の丸の旗が描かれています（毎日新聞社刊『図説・人物海の日本史』5所載）。

さらに注目すべきは、江戸後期の文化七年（一八一〇）、朝鮮の通信使を対馬において出迎えるに先立ち、「平常、廻船方御用の船へ相用ひ来り候ふ船印は白地朱丸の印」だから、幕府で協議の結果、「船印の儀……一円朱丸印の幡幟《はんし》」を用いることに決し、翌八年「官船は大帆に日の丸の御印」を揚げています（『文化易地録』『甲子夜話続篇』）。これは外交上、「日の丸」が使用された初めての例といえるかもしれません。

三　日本国旗の制定と扱い方

しかし、この「日の丸」が日本国を代表する旗として採用されたのは、もう少し後のことです。江戸幕府は、長年いわゆる鎖国政策を続けてきましたが、十八世紀末の頃からロシアやイギリスなどの船が近海に出没して通商を迫るようになりました。そこで、天保年間（一八三〇〜四四）の頃から、どこの国の船か識別する必要もあって、世界の国旗に関する翻訳図譜（『万国国旗檣号《しょうごう》図』『外蕃旗譜』など）が、次々と書写ないし出版されています。

やがて嘉永六年（一八五三）、アメリカのペリー艦隊が琉球を経て浦賀に来航し強硬に開国を要求した頃、かねて琉球貿易を通じて対外事情にも詳しかった薩摩藩主の島津斉彬《なりあきら》は、大船の建造計画を幕府に上申した際、船印についても「異国船に相紛れざるため、白帆に朱の丸の御印小旗・吹抜……左右の欄板に取り立つ」ことを提案しました（『照国公文書』）。それに対して幕閣の多くは、「朱の丸」を公儀の船印として使い続ける意向が強く、なかなか同意しません。けれども、水戸藩主の徳川斉昭が「皇国の総船印は旭の丸」でなければならぬと強く主張したので、ようやく翌年の安政元年（一八五四）七月十一日、老中の阿部正弘から次のような達《たっし》が布告されています（『続徳川実紀』）。

> 大船製造の儀に付きては、異国船に紛れざる様、日本総船印は白地日の丸幟相用ひ候様、御せ出され候。……

その当時、幕府は日本国を代表する政府であり、船のみが外国と交流する手段でしたから、これによって「白地日の丸幟」が日本国を対外的に代表する旗として採用されたことになります。しかも、米・英・露・仏・蘭の五か国と、和親条約に続いて通商条約を結び港を開いた幕府は、同六年（一八五九）にあらためて「大船には……御国の総標は白地日の丸の旗、艫綱《ともつな》引き揚げるべきこと」を触書《ふれがき》で示しています（同上）。

この「御国《みくに》の総標《そうじるし》」という表現はほとんど〝国旗〟に等しいとみて差し支えありません。事実その直後（万延元年と文久二年）、安政条約の批准書交換に米国と欧州四国へ派遣された使節団は、船艦に「日の丸幟」を揚げ、各地で「旭章旗」を飾って歓迎されたことが、当時の『第一次遣米使節日記』や『日本使節巡行記事』などに見えます。

そこで、まもなく幕府から大政を奉還された明治天皇のもとで発足した新政府も、幕末の決定を引き継ぎ、明治三年（一八七〇）の一月二十七日、太政官布告により次のような「郵船商船規則」を制定しています（『法令全書』）。

(1)一、御国旗の事。

右は決して取り外し候ふ事相成らず。……

(2)一、毎朝西洋時規の第八字〔時〕に引き揚げ、夕方は日没までを限り引き卸《おろ》すべき事。国旗引き揚げ無き節は、海賊船の取り扱ひ請〔受〕け候ひても申し訳なき事、万国普通の公法たる事。

(3)一、御国旗の寸法、別紙の通りに候ふ事。
但、大旗は祝日に引き揚げ、平日は小旗引き揚げ……候事。

これは極めて重要な意味をもっています。なぜならば、まず(1)で従来の「日本総船印」「御国総印」を、あらためてまさに「御国旗」という明確な表現を用いるに至ったからです。また(2)の後半部分に記すとおり、当時すでに国際法（万国公法）の原則として確立されていた〝旗国法〟（Low of Flag）の慣習に基づく国旗の役割を的確に示しています。さらに(3)の「別紙」では大・中・小の「御国旗の寸法」（横の長さ・縦の幅・丸の径など）を各々に定めています。これによって「日の丸」は日本国旗の地位を公的に確立した、とみなしてよいでありましょう。

かくて「日の丸」は、外国でも国内でも日本の国旗として認識され、急速に広まってゆきます。たとえば、翌明治四年（一八七一）の末から米欧諸国を巡覧した岩倉使節団は、どこでもこの「旭章旗」を揚げ、伊藤博文が公の席で、堂々と「わが国旗の中央に点ぜる赤き丸形は……昇る朝日の尊き徽章《きしょう》」を意味すると説明しています（『米欧回覧実記』等）。

また翌五年には、開港所在県庁や東京府下で「国旗を揚ぐべきこと」が通達されています。ただ、先の太政官布告は郵船・商船に揚げる大・中・小の旗を決めているだけでしたから、まもなく陸軍用と海軍用の「御国旗」が定められました。そのうち比率のわかりやすい海軍用サイズ（横3／縦2、円径3／縦5）が、明治四十年代より国定教科書にも例示され、全国に普及しています。

しかし、「日の丸」に関する法規は、明治三十二年（一八九九）施行の「船舶法」に「日本船舶に非ざれば日本の国旗を揚ぐることを得ず」とあるだけで、そのサイズも扱い方なども成文化されているわけではありません。そこで、昭和六年（一九三一）に至り、「大日本帝国国旗法案」が国会に提出されました。その要点を抄出してみましょう。

㋑「国旗の生地は白布を用ゐ、縦径は横径の三分の二、日章は紅色とし、その円径は国旗の縦径の五分の三、その位置は旗面の中心とす」（第二条）

㋺「竿球は金色とす」「（門前に掲揚する時）旗竿は竹を用ゐ、地色と黒塗色を各四寸宛と

す」（第三・四条）

㋩「国旗を交叉して掲揚する時は、外より内に向って右側の竿（竿球は左側）を外側に置くべし」（第九条）

㊁「外国旗と国旗を併せて掲揚する時……外国旗は外より内に向って左方（旗側からみて右方）にすべし」（第十条）

これによって、国旗の布面と竿の寸法と色が明らかにされ、また二本の旗の掲揚方法㊁は外国に敬意を表して外国旗を上位にする、つまり旗側からみて右方に置く形）や弔旗の揚げ方（第七・八条）などまで示されたことになります。この法案は、衆議院を賛成多数で可決通過しながら、貴族院で会期切れのため審議未了となり成立しませんでした。しかしながら、日本国旗に関する細則として、今なお依拠するに足る内容だと思われます。

四　古来愛唱された「君が代」

一方、国歌「君が代」に関しては、その歌詞の来歴と、それに曲が付けられ日本の国歌として用いられるに至った経緯とを、明らかにしておきたいと思います。このうち、前者について参考になるのは、国語・国文学者の山田孝雄博士が昭和三十年に著された『君が代の歴史』（宝文館出版）です。

その要点を紹介しますと、まず「君が代」の原歌は、平安前期の延喜五年（九〇五）初めて勅撰の栄に浴した『古今和歌集』の巻七「賀歌」の冒頭に「読人しらず」の歌として収められています（撰者の紀貫之がみずから抄録した『新撰和歌集』にも入っています）。

　わが君は　千代に八千代に　細《さざ》れ石の　巌と成りて　苔の産《む》すまで

これを現代語訳すれば、「わが君のご寿命は、千代に八千代にいつまでも続いてほしい、小さい石が長い間に集まり固まって大きな岩となり、それに苔が生えるまでも末永く」ということでしょうか。

初句にいう「わが君」のキミは、本来〝大君＝大王〟つまり天皇を指します。ただ、やがて敬愛する相手であれば誰に対しても使われるようになり、大君の天皇だけを指すとは限りません。また、この賀歌が「読人しらず」となっているのも、延喜当時（十世紀初頭）すでに誰が詠んだか不明とされるほど古くから、おそらく平安初期（九世紀初頭）ないし奈良時代（八世紀）から、いわば民謡のように「わが君」の長寿を祝う席などで歌い継がれてきたからではないかと思われます。

ところで、この初句の「わが君」は、まもなく「君が代」と変わって広まります。それがいつからかはハッキリしませんが、少なくとも平安末期の文治元年（一一八五）に歌人顕昭《けんしょう》の著した『古今集註』によれば、「この歌、常には、キミガヨハチヨニヤチヨニ、といへり」と記されており、また天台座主《ざす》慈円の『拾玉集』にも「君が代は千世にやちよに……」と見えます。

ちなみに、「キミガヨ」という表現自体は、すでに『万葉集』巻一所収の「中皇命《なかつすめらみこと》、紀の温泉に往きますときの御歌」として、

君之歯母《きみがよも》　吾代毛所知哉《わがよもしるや》　磐代乃《いわしろの》　岡之草根乎《おかのくさねを》　去来結手名《いざむすびてな》

と見えます。この「中皇命」は間人皇女《はしひとのひめみこ》（孝徳帝の皇太后）の別名と考えられ、皇太后が親しく呼びかけている「君」は義子の有間皇子《ありまのみこ》と解されています（田中卓博士説）。また「君之歯」の歯《よ》は、年歯つまり年齢・寿命のことで、「吾代」の代《よ》も同じ意味です。このヨとは、山田博士の前掲書に「竹の節と節の間を『よ』といふ」とあります。したがって、

右の歌は「あなたの寿命も私の寿命もよく知っているこの磐代《いわしろ》（和歌山県日高郡の、神を祀《まつ》る岩倉《いわくら》）の岡の長い草の根を結びあわせ、さあ、お互いの長寿を祈りたい」ということでしょうか。

このような「キミガヨ」という表現は、『古今集』巻二十にも「君が代は　限りもあらじ　長浜の　真砂《まさご》の数は　よみ尽すとも」等と詠まれております。現存の勅撰集・私撰集を集大成した『新編国歌大観』（角川書店）などを見ますと、ほかにもすばらしい歌がたくさんありますから、いずれ『〝君が代〟百人一首』を編んでみたいと思っています。

そのうち、特に目すべきは、清原元輔《もとすけ》（清少納言の父）が、「清慎公《せいしんこう》（左大臣藤原実頼）五十の賀し侍りける時の屏風に」と題して、「君が代を　何に譬《たと》へむ　さざれ石の　巌とならむ　程もあかねば」という賀歌を詠んでいることです（『拾遺集』巻五所収）。これは明らかに『古今集』の冒頭賀歌を意識的に取りこんだ表現ですから、当時（十世紀中頃）すでに初句を「わが君は」でなく「君が代は」と変えたものが、貴族社会に流布していたのかもしれません。

このように「君が代」の歌詞は、元来「わが君は……」の原歌が『古今集』以前から賀歌として民謡のように親しまれ、やがてそれ以上に賀歌としてふさわしい「君が代は」という表現に改められて広まるようになったわけです。それは中世から近世にかけて、いろいろな形であらゆるクラスの人々に普及し愛唱されています。その実例を丹念に集めて例示された山田博士は、前掲書で次のように総括しておられます。

鎌倉時代以後、この形の歌（君が代は）が、神事にも仏会にも宴席にも盛んに用ゐられて上下一般の通用となり……近世に到っては極めて汎《ひろ》く、物語・お伽草子・謡曲・小歌・浄瑠璃・脚本・仮名草子・浮世草子・読み本・狂歌・狂文・箏唄《ことうた》・長唄・碓挽《うすひき》歌・船歌・盆踊歌・祭礼歌・琵琶歌から乞食の瞽女《ごぜ》の門付《かどつけ》にまでおよび、地域よりいへば、都鄙《とひ》にわたり、薩摩・大隅の離れ島にまで及んでゐる。……社会の相より見れば、公家・武家・商賈・農民・船頭・物貰にまで各層に行きわたってゐる。

つまり、「およそ日本国の歌謡にして、この〝君が代〟の如く、遠く汎く深く行き互ったものは無い……しかも千二百年間絶えず謡はれて来たといふ点から見て、又その祝賀の意の、永遠の生命を祝ひつつある点から見て、日本国民の祝賀としてこれ以上のものは無い」と書かれていますが、まさに同感です。

五　日本国歌の作曲と手直し

しかし、これほど広く普及した「君が代」も、幕末までは賀歌・祝歌として様々に詠じ歌われてきたにすぎません。それに〝国歌〟として曲が付けられたのは、明治に入ってからのことであり、しかもおよそ二つの段階を経ています。

まず明治初年（三年頃）、イギリス公使館の護衛歩兵隊軍楽長として横浜にいたウィリアム・フェントンが、軍楽を習いに来ていた鹿児島藩出身の穎川《えがわ》吉次郎に対して、「欧米各国には皆その国々に国歌といふものがあって、すべての儀式のときにその楽を奏する」ことになっており、それが日本にないのは「甚だ欠典」であるから、もし日本側で「国歌ともなるべき歌（詞）を作製する」ならば、自分がそれに「作譜」（作曲）して教授しようと提言しました。そこで、頴川が同郷の砲兵隊長大山巌に相談したところ、大山は、

英国の国歌に God save the King（神よ我が君を護れ）といふ歌がある。我が国の国歌としては、宜しく宝祚《ほうそ》の隆昌、天壌無窮《てんじょうむきゅう》ならんことを祈り奉れる歌を撰むべきであ

る、といひて、平素愛誦する「君が代」の歌を撰み出した。

と、後年みずから語った記録があります（和田信二郎著『君が代と萬歳』所引「覚書」）。この「平素愛唱する〝君が代〟の歌」というのは、薩摩地方において祭礼や盆踊の歌にも、また薩摩琵琶《びわ》の詞などにも「君が代」が詠み込まれ広く親しまれていましたから、それを指すものと思われます。特に薩摩琵琶歌「蓬萊山《ほうらいさん》」には、

目出たやな　君の恵みは　久方の　光長閑《のど》けき　春の日に　不老門を　立ち出でて
四方《よも》の景色を　眺《なが》むれば、峯の小松に　雛鶴《ひなつる》すみて　谷の小川に　亀遊ぶ
君が代は　千代に八千代に　さざれ石の　巌となりて　苔のむすまで　命ながらへ
雨塊を破らず　風板を鳴らさずといへば、また堯舜《ぎょうしゅん》の御代《みよ》もかくあらん……

というように、「君が代」の和歌全文を取り入れ、祝意を表しています。したがって、それをすぐに思いつき「国歌ともなるべき」歌詞として提出したのは、これが九州の南端においても、平素から愛唱されていたからこそであり、見事な着想というほかありません。

ただ、これを受け取ったフェントンは、日本語が全く分からず、急いで単純な曲をつけたために、詞と曲がかみあわず、やがて改訂せざるをえなくなりました。

その改訂を上申したのは、明治九年（一八七六）に海軍軍楽長となった鹿児島藩出身の中村祐庸《すけつね》で、早速「聖世《きみがよ》の譜は……宮中において詠謳《えいおう》せらるる音節に協合せしむる」ことを要望しています。しかし、翌十年、いわゆる西南の役が生じたこともあって延び延びになり、海軍省が右の要望を踏まえて、宮内省に対し「君が代」の楽譜改訂を依頼したのは、同十三年（一八八〇）に入ってからのことです。それを受けて宮内省は、新しい楽譜を整え「一等伶人《れいじん》林広守《ひろもり》撰譜」として提出しました。これが今日も歌われている「君が代」曲にほかなりません。

ところが、この当時における「新譜」成立の経緯は、かなり複雑なのです。その実情は、佐藤仙一郎氏が『日本国国歌正説』（昭和四十九年、全音楽譜出版社刊）の中で関係資料に基づいて明らかにされました。結論はおよそ次のとおりです。

㋑まず明治十年（一八七七）秋、東京女子師範学校（現お茶の水女子大学）の摂理（校長）中村正直から、洋楽もできる宮内省式部寮雅楽課に対して、「保育唱歌」と「遊戯唱歌」の作曲依頼があった。

㋺そこで、雅楽課の若い楽人たちは、競って百以上の曲を作っている。当時一等伶人であった林広守の家に伝わっている『保育唱歌墨譜《ぼくふ》』所収の「壱越調律旋《いちごつちょうりつせん》 君が代」も、その一つである。

㋩ただ、これを最初に作曲したのは、林広守の指導をうけていた楽人の奥好義《よしいさ》と林広季《ひろすえ》（広守の子）だとみられるが、発表の段階では、当時の慣例により雅楽課代表の林広守名義としたのである。

㋥やがて同十三年に海軍省から「君が代」の音譜（フェントン作曲）改訂を依頼された宮内省では、右の保育唱歌「君が代」（雅楽墨譜）に検討を加え、「一等伶人林広守撰譜」として提出したのである。

㋭この雅楽墨譜「君が代」は単律旋であったから、そのころ海軍省雇《やとい》の音楽教師だったフランツ・エッケルト（ドイツ人）が洋楽器で演奏しうるよう編曲した総譜を作り、それに広守らが少し訂正を加えた。

㋬こうして完成した「君が代」の新譜は、同十三年（一八八〇）の十一月三日、天長節（明治天皇御誕生日）の宴会で初めて公式に吹奏された。その際「福羽美静《ふくばびせい》より（これが）国歌たることを奏上」したという。

こうして出来上がった「君が代」曲は、当初から海軍省でも宮内省でも「国歌」と考えていたとみられます。もっとも、これが日本の国歌として公表されたのは数年後のことです。すなわち、明治二十一年（一八八八）、表紙に菊花の御紋（国章）を描いて「大日本礼式 JAPANISCHE HYMNE（日本国歌）」と大書した「君が代」総譜が、米欧の条約国と国内の諸官庁に送付されております。

なお、吹奏楽用と混声合唱用に編曲してくれたエッケルトは、その初めと終わりがユニゾン（同一音）で、ハーモニー（和声）の付いていないことに関して、「発声たるキミガヨハの部分は、男子たると女子たると……たとえ千万人集まって歌おうとも、いかほど多数の異なった楽器で合奏するにしても、単一の音をもってしたい。……それゆえ、キミガヨハの発声にはわざと和声をつけぬことにし……結びにもつけぬことにした」と、雅楽部長の安倍季功氏に工夫の一端を語っています。

また、次に述べる文部省の祝祭日用唱歌選定の段階で、音楽学校（今の東京芸術大学）雇教師のルードルフ・ヂットリッヒ（オーストリア人）が、一か所「……苔のむーすー……」の傍点部分だけ「fをdに改める」訂正を行ったと伝えられています。

このように現行の「君が代」曲は、平安以来の雅楽と欧米伝来の洋楽を身につけた宮内省楽部の伶人により原譜が作られ、それに独・墺から来日中の雇教師が少し手を加えて仕上げたものです。まさに伝統を踏まえて近代化を進めようとした〝明治日本〟の一典型を示すものといってよいでありましょう。

六　学校教育における扱い方

以上、「日の丸・君が代」の来歴と、それが日本の国旗・国歌としての要件を具《そな》えるに至った経緯について、要点を申し上げてまいりました。

では、この国旗「日の丸」と国歌「君が代」は、それ以後の学校教育でどのように扱われてきたのか、簡単に申し上げます。

まず国旗「日の丸」に関しては、すでに明治十年代から全国的に普及し、祝祭日などには、官庁や学校だけでなく各家庭でも揚げられるようになりました。また、同四十四年（一九一一）に発表された高野辰之作詞・岡野貞一作曲の文部省唱歌「日の丸の旗」は、

㈠　白地《しろじ》に赤く　日の丸染めて　ああ美しい　日本の旗は
㈡　朝日の昇る　勢ひみせて　ああ勇ましや　日本の旗は

という単純明快な歌詞とメロディーにより、どんな子供にも覚えられ親しまれています。

しかも、同年から使われた国定教科書の小学校六年『国語』を見ると、「雪白の地に紅《くれない》の日の丸をゑがける我が国の国旗は、最もよく我が国号（日本）にかなひ、皇威の宣揚、国運の隆昌、さながら旭日昇天の勢ひあるを思はしむ。さらに思へば、白地は我が国民の純正潔白なるを示し、（紅の）日の丸は熱烈燃ゆるが如き愛国の至誠を示すものといふべきか」と説明した上で、外国の主な国旗も紹介しています。このような調子の教育は、大正から昭和の終戦まで、音楽・修身・国語の三教科を通して、繰り返し行われてきました。

一方、国歌「君が代」に関しては、文部省が「祝日大祭日唱歌」を定めるために、明治二十四年（一八九一）から当時の著名な文学者や音楽家などを審査委員に任じ、翌二十五年には「宮内省雅楽部副長林広守」なども委員に加えられています。そして協議の結果、翌二十六年八月十二日、官報により「小学校において祝日大祭日の儀式を行ふの際、唱歌用に供する歌詞並びに音譜」を告示し、その冒頭に「君が代〔古歌／林広守作曲〕」を単旋律譜で掲げています（他に七曲所収）。

ついで同三十三年（一九〇〇）に公布された「小学校令施行規則」の中に、元日・紀元節・天長節の学校儀式では「職員及児童『君が代』を合唱す」と定められました。これによって、いわゆる三大節の式次第では、最初に「君が代」を斉唱し、最後に「一日一日」（千家《せんけ》尊福作詞・上真《うえ》行作曲）「紀元節」（高崎正風作詞・伊沢修二作曲）「天長節」（黒川真頼作詞・奥好義作曲）を各々斉唱することになり、それが昭和の終戦直後まで続けられたのです。ただ、この「君が代」を国定教科書が「国歌」と明記したのは昭和十二年（一九三七）からでして、『尋常小学修身書』巻四は次のような説明を加えています。

どの国にも国歌といふものがあって、その国の大切な儀式などのあるときに、奏楽に合せて歌ひます。「君が代」は日本の国歌です。我が国の祝日やその他のおめでたい儀式には、国民は「君が代」を歌って、天皇陛下の御代《みよ》萬歳をお祝ひ申し上げます。「君が代」の歌は、「我が天皇陛下のお治めになるこの御代は、千年も万年も、いやいやつまでも続いてお栄えになるやうに」といふ意味で、まことにおめでたい歌であります。……

しかし、このように徹底して行われてきた国旗・国歌の教育も、昭和二十年（一九四五）の敗戦に続く占領統治のもとで、一変せざるをえなくなりました。その激変ぶりは、私（昭和十六年生まれ）よりも少し先輩の人々が身を以って体験されたことですが、今日あらためて思い起こし、その是非を問い直す必要があろうかと思います。

たとえば、占領政策を掌《つかさど》ったＧＨＱ（連合国軍総司令部）は、進駐早々、日本人が独立の象徴である「日の丸」を自由に揚げることを禁じました。まして「君が代」斉唱はタブーとなってしまいます。しかし、ＧＨＱといえども、日本政府に「日の丸・君が代」を全廃せよとか変更せよと迫ったわけではありません。むしろ同二十二年五月、新しい憲法および「教育基本法」の施行に際しては、皇居と国会議事堂・首相官邸・最高裁判所の四か所だけ「日の丸」の掲揚を許可し、翌二十三年四月からは、国家的な祝祭日（同年七月より「国民の祝日」）に限って国旗掲揚を認め、同年十月の第三回国民体育大会には「君が代」の斉唱も行われています。逆にいえば、それ以外は認められなかったのです。

ところが、やがて対日占領政策の方針修正に踏み切ったマッカーサーは、翌二十四年正月、「貴方たち（日本人）が国旗を再び国内で何ら制限なく使用し掲揚することを許可する……」との「国旗掲揚制限解除」覚書を発表するに至りました。ただ、その後も講和独立まで、海外に航行する船舶は、「日の丸」でなく国際信号旗を掲げることしかできなかったのです。

しかも、そのわずか三～四年間に、少なからぬ日本人が敗戦で自信を失い、占領政策にも幻惑されて自虐意識に陥ったり、国家や愛国心の否定を〝民主化〟とか〝平和教育〟と錯覚して、言論界や教育界などで「日の丸・君が代」にあえて反対するような運動が繰り広げられました。そして、多くの一般国民も、目先の生活に追われて、国旗・国歌への関心を失ったようにみえます。

そこで、翌二十五年（一九五〇）十月、吉田内閣の天野貞祐《あまのていゆう》文部大臣は、学校で祝日などに行事を催す際「国旗を掲揚し国歌を斉唱することもまた望ましい」との談話を、全国の教育委員会に通達しています。そして同二十七年四月、ようやく占領統治が終わり講和独立を遂げた頃から、日本人の良識も徐々に立ち直っています。たとえば、その五月の大相撲千秋楽から「君が代」を斉唱するようになり、また八月の全国高校野球選手権大会でも、「日の丸」と大会旗を揚げて「君が代」を歌い、さらにＮＨＫは番組終了時に「君が代」を流す（翌年から放送開始のテレビでは「日の丸」も映す）ことになったのです。

七 「学習指導要領」と教科書

ところが、教育界では講和独立後も、日教組などが「日の丸・君が代」を強いて〝国家主義・軍国主義〟と結びつけ、ことさらに反対し続けてきました。

それに対して文部省は、昭和三十三年（一九五八）に改正告示した「学習指導要領」によって、小・中・高校の学校行事では「国旗を掲揚し〝君が代〟を斉唱させることが望ましい」との規定を設けたのです。しかし「望ましい」という程度なら実施しなくてもよい、と曲解して反対する現場の教員も少なくないため、平成元年（一九八九）に改正告示された現行の「学習指導要領」では、次のように明記されるに至りました。

(1) 小・中・高の特別活動（学校行事）「……入学式や卒業式などにおいては、その意義をふまえ、国旗を掲揚するとともに、国歌を斉唱するよう指導するものとする」

(2) 小学校全学年の音楽（共通教材）「国歌〝君が代〟は各学年を通じ、児童の発達段階に即して指導すること」

(3)　小学校四学年の社会科（国土の位置）「我が国や諸外国には国旗があることを理解させるとともに、それを尊重する態度を育てるよう配慮する必要がある」

(4)　小学校六学年の社会科（国際理解）「我が国の国旗と国歌の意義を理解させ、これを尊重する態度を育てるとともに、諸外国の国旗と国歌も同様に尊重する態度を育てるように配慮すること」

(5)　中学校社会科の公民的分野（国家相互の主権尊重）「国旗および国歌の意義、並びにそれらを相互に尊重することが国際的な儀礼であることを理解させ、それらを尊重する態度を育てるよう配慮すること」

この「学習指導要領」は、「教育基本法」「学校教育法」に基づき「教育課程の基準」として文部大臣が公示（官報で告示）するものですから、広義の法令とみなされています。また法令用語で「……指導するものとする」というのは「……指導しなければならない」ことを意味します。したがって、国旗・国歌の教育は、平成時代に入り一段と強化されたことになるわけですが、それはどういう趣旨を含んでいるのか、文部省編著の「学習指導要領」解説書（小・中学校用は「指導書」と称する）の関係部分をみておきたいと思います。

まず小・中・高校に共通する(1)（学校行事）については、「日本人としての自覚を養い、国を愛する心を育てるとともに、生徒が将来、国際社会においても尊敬され信頼される日本人として成長していくためには、国旗および国歌に対して正しい認識をもたせ、それらを尊重する態度を育てることが必要である。……入学式や卒業式は、学校生活に有意義な変化や折り目をつけ……学校・社会・国家など集団への所属感を深める上で、よい機会となるものである。このような意義をふまえ……国旗を掲揚するとともに国歌を斉唱するものとする」とあります。

ついで小学校の全学年で行う(2)（音楽教育）については、「国歌〝君が代〟は、儀式や行事など、必要なときにいつでも歌えるようにしておかなければならない。そのためには……児童の発達段階に即した指導をしなければならない」とあります。また一学年の共通教材（必修曲）として「日のまる」の歌も取り扱うことになっています。

さらに社会科の(3)(4)(5)は内容的に共通していますから、小学校六学年の(4)に関する解説を引くと、「国旗および国歌は、いずれの国でもその国の象徴として大切にされており、互いに尊重し合うことが必要であること」「我が国の国旗および国歌は、長年の慣行により、〝日の丸〟が国旗であり〝君が代〟が国歌であることは、広く国民の認識として定着していること」などを「理解させる必要がある」とした上で、とりわけ国歌について次のような解説を加えています。

我が国の国歌の意義の指導にあたっては、憲法に定められた天皇の地位についての指導との関連を図りながら、国歌「君が代」は、我が国が繁栄するように、との願いをこめた歌であることを理解させるよう配慮する必要がある。……

このように現行の「学習指導要領」およびその解説書では、国旗・国歌教育の方針と趣旨をかなり積極的に提示しているといってよいと思います。

そうであるならば、それに基づいて作られるはずの教科書は、国旗・国歌を具体的にきちんと扱っているでしょうか。現在の教科書は、小・中・高校とも民間で原稿本を作り、文部省で必要最小限の検定を加えてから出す（小・中は無償配布）制度になっています。

しかし、友人の三輪尚信教諭が中心となり、それらすべてを調査検討した報告書（日本教師会叢書20『新学習指導要領と国旗・国歌教育』、平成四年刊）によれば、全般的に「……オリンピックと結びつけることで能事《のうじ》終われりとして……ほとんどが陳腐・平板である」と厳しく批判されています。私も全八種類の教科書をひととおり見ましたが、残念ながら満足のゆくものはほとんどありません。たとえば、六学年社会科で一頁を使って、やや意欲的に取り組んでいるT社本の場合は、次のように記されています。

国旗と国歌は、その国をあらわすものです。……世界の国々の中には、言葉や習慣・宗教などの異なる人々が一緒になってつくっている国もあります。そのような国では、国民としてのまとまりをあらわすものとして、特に国旗や国歌が大切な働きをしています。（したがって）その国の国旗の上下や左右をまちがえたり、国歌をまちがえて演奏したりすることは、その国や国民に対しても、たいへんな失礼にあたります。

国旗と国歌は、その国の成り立ちと深い関係があります。それまでほかの国に支配されていた地域の人々は、ようやく独立を勝ち取ったときに、はじめて自分たちの国の国旗や国歌をつくることができました。世界の国々に仲間入りをしたしるしであり、自分たちの国をつくりあげた人々の自信とほこりをあらわすものです。……

このように一般論を長々と説明し、下に「オリンピック選手村の入村式」の写真などを入れており、それはそれなりに結構ですが、「学習指導要領」の求める「我が国の国旗と国歌の意義」は本文に出てきません。しかし、全然ないわけではなく、米国の港に入港する日本の商船の写真をあげ、その説明文中に、

……日の丸は、江戸時代の末に、幕府が薩摩藩の提案もあって、日本船全体の船印と定めたものです。それがのちに、明治政府によって、日本の商船旗と定められ、やがて国旗としてあつかわれるようになったのです。

と日本国旗の由来に少し触れていますが、日本国歌には全く言及していません。しかも、本文の末尾に「国旗や国歌は、その国をあらわすものですから、ある国から侵略されたり被害を受けたりした人々は、侵略した側の国の国旗や国歌をすなおに尊重できない感情が残ることもあります」と付け加えているのは、極めて意図的といわざるをえません。なぜなら、この教科書に対応する会社製作の分厚い『教師用指導書』をみますと、その末尾に、「〝日の丸〟の旗に対するアジアの人々の感情や思いを考えたい。〝日の丸〟は、それが日本の侵略のシンボルとしてとらえられている……ということをおさえたい」と、執筆者側から現場教師への〝指導〟をしているのです。これでは、一方的に日本がアジアの侵略国

であり、「日の丸」を「侵略のシンボル」だと決めつけて「すなおに尊重できない感情」を煽《あお》るつもりなのか、と疑いたくなります。

実は詳しく調べてみると、これより記述の簡単な他の教科書の場合でも、その『教師用指導書』には右に類することがうんざりするくらい書かれています。これでは、せっかくの「学習指導要領」を逆用して「日の丸・君が代」に反対するための教育を行っているところが少なくないのではないかと思われます。

八　日本国憲法と国旗・国歌

しかし、戦後すでに半世紀近く経った今日、あのシンプルな国旗「日の丸」には、ほとんどの人々が明るく良いイメージをもっています。また、あのユニークな国歌「君が代」についても、大半の人々が日本にふさわしいと思っているようです。ただ、理屈っぽい論者の中には、今なお観念的（むしろ感情的）な理由を並べて、「日の丸・君が代」を日本の国旗・国歌と認めようとしない向きも少なくありません。そこで、そんな議論が成り立つのかどうか、問題点を吟味しておきたいと思います。

たとえば、昭和五十八年（一九八三）頃から日本教職員組合が出しているパンフレット『どうしていま「君が代」「日の丸」か――その背景と法制――』を見ますと、「〝君が代〟・〝日の丸〟は、日本国憲法のもとでは、国歌・国旗としての根拠をもっていません」と断じています。しかし、それは一方的な解釈であって、「日の丸」も「君が代」も立派に〝法的根拠〟をもっております。

そもそも〝法的根拠〟という場合、成文法だけでなく不文の慣習法をも含むことは、法学の常識です。念のため、明治三十一年（一八九八）に制定され今も現行法として有効な「法例」という法律の第二条に、「公の秩序又は善良の風俗に反せざる慣習は……法律と同一の効力を有す」と明示されております。むしろ私どもは日常的に慣習法によるところが多く、それが「法律と同一の効力」をもつのは当然でありましょう。

そういう観点から申せば、前に触れましたように、明治三年（一八七〇）の歌詞選定、ないし同十三年（一八八〇）の新譜奏楽の段階から、関係者には「君が代」を「国歌」とする認識があり、それが内外に「日本国歌」として公表され、学校で「儀式唱歌」の筆頭として公用されてから、すでに百年以上の実績があります。しかも、それが現行憲法の下でも、「公の秩序又は善良の風俗」に合致こそせよ何ら背反するわけではありませんから、まさに慣習法として相応の法的根拠をもっていることになります。

ましてや「日の丸」は、前述のように幕末に「日本総船印」「御国の総標」として公示され公用されてきたものが、明治三年（一八七〇）に太政官布告で「御国旗」と明記されておりますし、それ以後「日本国旗」といえば「日の丸」以外にありえません。同三十二年（一八九九）制定以来の「船舶法」にいう「日本の国旗」も、戦後制定された「海上保安庁法」や「自衛隊法」にいう「国旗」も、それが「日の丸」を指すことは明らかです。したがって、「日の丸」はそれらに成文法上の根拠をもっている、といっても差し支えありませんが、それ以上に、この「日の丸」が百何十年も日本の国旗として認められ、使われてきた実績をもっていることこそ重要だと思います。

ただ、反対論の流れをみていますと、「日の丸」が日本国旗であることは、もはや否定し難い。けれども、「君が代」は戦後の新憲法に違反するというような主張が根強く残っています。これは「君が代」を日本国歌として支持する方々の中にも、その「君」が天皇を指すのではなく、今日一般に使われている相手を指す「あなた」という意味に解するのであれば賛成だ、という人も少なくないようです。

この点は、確かに議論の分かれやすいところかもしれません。歌詞の来歴に重きをおけば、「君」は敬祝したい「あなた様」なら誰でもよいように思われます。しかし、『古今集』所収の原歌も、ポピュラーな賀歌の代表として広まったものですが、紀淑望《きのよしもち》が書いたという「真名《まな》序」（漢文体の序文）を見ますと、「陛下の御宇《ぎょう》……仁は秋津洲《あきつしま》の外に流れ……砂《いさご》長じて巌《いわお》と為るの頌《うた》、洋々と耳に満てり。……」というように、「わが君は……」の賀歌が今上陛下（醍醐天皇）の聖徳を称える歌として使われています。

また、その初句が「君が代は」と改められ、「あなた様の御長寿」を祝う歌として全国のあらゆる階層の人々に広まったことは確かですが、これを日本国歌として推挙し作曲に関与した明治の人々は、「君が代」を「宝祚（皇位）の隆昌……を祈り奉れる歌」「天皇陛下を奉祝する楽譜」と述べています。さらに、大日本帝国憲法下の国定教科書が、「君が代」は「我が天皇陛下のお治めになるこの御代」の長久繁栄を意味すると説明してきたことも、前述のとおりです。したがって、明治以来の国歌「君が代」を今も慣習法的に受け継いでいると認める以上、その「君」は天皇を指すと考えるほかありません。

そこで、問題になるのは、日本国憲法のもとで「君」＝天皇の御長寿を念ずるというような歌が、日本国歌としてふさわしいかどうかということです。これは憲法の解釈を通して、日本は今なお〝君主国〟なのか、それとも君主なき〝共和国〟なのか、をハッキリさせることにより結論が変わってきます。そのため、この機会に調べ直してみると、オーソドックスな憲法学者は、戦後も日本は〝立憲君主国〟と明言しています。

たとえば、いわゆる天皇機関説で知られる美濃部達吉博士は、枢密院の顧問官として現行憲法の成立に関与され（博士自身は帝国憲法の改正不要論を唱えておられましたが）、昭和二十二年四月に出た『新憲法概論』において、次のように論じています。

我が新憲法に於ける天皇も、英文には Emperor と称して居り、其の地位は世襲であって、国法上および国際法上に君主としての栄誉権を保有したまふのみならず、国家統治の権能に付いても、……国会召集や衆議院の解散の如き国会の上に立って之に命令する権能が与へられて居り、かつ御一身を以て国家の尊厳を代表したまふのであるから、尚憲法上に君主の地位を保有したまふものと見るべく、新憲法が国民主権主義を国家組織の基礎と為して居るにかかはらず、国の政体としては尚、君主政を支持し、共和政を取って居るものではないと解せねばならぬ。（同博士の同年十月刊『新憲法の基本原理』も同趣）

この本は、昭和二十年代に数十版を重ねた名著です。また、同三十年代に入って、鳩山内閣のときに発足した憲法調査会では、憲法成立関係資料を詳しく調べています。それによってＧＨＱ最高司令官のマッカーサー自身、「天皇は日本の元首（The head of the State）の地位にある」ことを第一原則に認めていたことが明らかになりましたので、その調査会長を務めた東大の高柳賢三博士も、「日本国憲法における天皇の地位は、まさに〝象徴的元首〟（Symbolic head）である……原案起草者（ＧＨＱ民政部法律家）によれば、日本国は、この憲法の下でもイギリスと同じく立憲君主国（Constitutional monarchy）であり、その元首は天皇である」（『自由』昭和三十七年七月号「象徴の元首・天皇」）と結論づけています。

もちろん、ここにいう君主とか元首の概念は、戦前のそれと著しく異なり、政治的権能を伴わない精神的権威であることに意味があります。そして現行憲法の「第一章」という最も重要な所に「天皇」を位置づけ、「天皇は日本国の象徴であり日本国民統合の象徴であって」「皇位は世襲」と規定しています。このような象徴天皇は、単なる個人ではありえず、まさに二千年来の歴史的連続性を担って、日本国の独立性と日本国民の統合性を体現される〝至高の公人〟にほかなりません。事実、その大きな役割を昭和天皇も今上陛下も果たし続けてこられたのです。

したがって、国歌「君が代」の君も、個人としての天皇ではなく〝至高の公人〟としての天皇を指すわけですから、そういう天皇の御長寿を祈ることは、すなわち天皇により象徴される日本国および日本国民すべての長久繁栄を祈ることになります。

このような解釈は、私の勝手な思いつきではありません。むしろこれは大多数の日本人がもっているごく自然な考え方であろうと思います。また、従来の政府・文部省も、ほぼ同様の公式見解をとっています。たとえば、昭和五十九年六月の衆議院内閣委員会における森文部大臣、および平成元年十二月の参議院文教委員会における菱村初等中等教育局長などの国会答弁をみますと、国歌「君が代」は、「日本国および日本国民統合の象徴である天皇をいただく日本」が「永遠に平和であってほしい」と「繁栄を願ったものである」と的確に説明しています。

九　国際化に必要な常識教育

以上、おもに学校教育との関わりについて触れました。これを大きな流れとしてみれば、日本の国旗も国歌もすでに百年以上の歴史をもち、それを現に多くの国民が支持しています（どの世論調査でも、「日の丸」八五％以上、「君が代」七五％以上）。また平成に入る頃から文部省が指導を強化し、かつての社会党まで方針を変更したのです。したがって、もう別に問題はないと思われるかもしれません。

たとえば、平成六年九月、文部省から発表された「平成六年度入学式における国旗掲揚・国歌斉唱の実施状況」（公立の小・中・高校約三万八千校調査、次ページ参照）の全国平均を見ると、一昔前（昭和六十年度）に比べて数値が格段に向上しています。しかし、都道府県・主要都市別のデータを見ると、かなり地域差が大きく、概して大都市圏の実施率が低いこと、また小・中学校より高校のほうが低くなり、国旗より国歌のほうが著しく低い。しかもその傾向が一昔前とあまり変わっていない、という事実を看過してはなりません。

平成６年度の入学式における国旗掲揚・国歌斉唱の実施状況

平成６年度	国旗「日の丸」掲揚率			国歌「君が代」斉唱率		
地域＼公立	小学校	中学校	高　校	小学校	中学校	高　校
東　京　都	98.2	99.5	83.7	81.2	82.1	4.3
神奈川県	81.0	92.7	92.3	41.4	55.3	2.4
横　浜　市	99.7	96.6	100.0	72.0	22.8	27.2
川　崎　市	100.0	100.0	40.0	44.7	96.1	0.0
愛　知　県	100.0	100.0	100.0	100.0	100.0	100.0
名古屋市	100.0	100.0	100.0	98.0	100.0	53.8
京　都　府	100.0	100.0	100.0	94.7	93.7	87.5
京　都　市	100.0	100.0	100.0	83.4	80.8	100.0
大　阪　府	94.8	92.2	92.5	20.6	14.3	24.4
大　阪　市	92.3	86.8	100.0	65.7	28.7	4.0
兵　庫　県	99.8	100.0	99.4	75.9	64.5	91.2
神　戸　市	100.0	100.0	100.0	88.4	99.6	0.0
広　島　市	78.4	71.4	100.0	24.3	23.5	21.1
全国平均	98.4	98.0	97.5	85.6	83.6	77.3
昭和60年度 全国平均	(89.7)	(90.2)	(81.3)	(46.4)	(62.3)	(49.0)

注１　この文部省・教育委員会による調査は、公立の小・中・高校を対象としたもので、私立学校は含まれていない。

注２　国旗は、校庭などに掲げたものまで入れている所がある。しかし国歌は、式場でメロディーだけ流したものは「斉唱」とみなさない。

一般的に、自分の国の国旗・国歌すら大事にしない者が、外国の国旗・国歌を大切にするとは考え難く、それでは今後いよいよ進む国際化社会を生きぬいていけないはずです。たとえば、平成元年（一九八九）に発表された日本青少年研究所の『国旗・国歌に対する意識と態度の調査――日米（高校生）比較――』を見ますと、日本の高校生は「外国の国旗や国歌に敬意を表さないばかりか、国旗掲揚・国歌吹奏に際してもふざけた態度をとっている、と諸外国から非難されている」（はしがき）という状況です。

事実その調査によれば、自国の国旗掲揚や国歌斉唱（吹奏）に際して起立する高校生の割合は、日本二五・六％に対して米国九七・二％です。また外国の国旗掲揚・国歌斉唱（演奏）に際して起立するもの、日本一七・三％に対して米国九三・四％という大きな開きがあります。しかも、それを裏づけるかのように、平成六年六月六日の『読売新聞』夕刊「おしえて」欄に、次のような問答が載っていました。

それは「京都府宇治市・高校一年女子」から質問があり、「卒業式などの学校行事で〝君が代〟を歌うとき、起立しない友だちや先生がいます。……私も起立すべきか座っているべきか、悩んでいます。君が代や日の丸の問題をどう考えたらいいのでしょうか」と尋ねたところ、女性タレントのマリ・クリスティーヌさんが回答を求められて、堂々とこんな意見を述べているのです。

起立する子もしない子もいる、それが民主主義社会でしょうが、その前に国歌や国旗の成り立ちや歴史を知り、議論することが大切です。

「君が代」は、ミカド（天皇陛下）のいる国がいつまでも繁栄するようにという内容です。英国でも「ゴッド・セイブ・ザ・クイーン（神よ、女王陛下を護りたまえ）」が国歌で、自国のシンボルである女王（または国王）をたたえる内容になっています。大事なのは、国歌や国旗がどういうシンボル（象徴）なのかをよく考え、自分のスタンスをきちんととることです。

アメリカでは「国旗誓約」と言い、国旗掲揚のとき、胸に手を当てて誓いを立てます。私自身、アメリカの国歌や国旗には愛着があり、掲揚のときは必ず起立し、国歌を歌いますが、アメリカの場合、学校などで国旗に向かって誓約を口にするのは半ば常識のようになっています。

国歌や国旗をもたない国や民族は、寂しい国や民族であると思います。

もっと一般的なお話をしましょう。私はカトリックですが、仏教のお寺でも尊敬の気持ちで手を合わせます。もちろん尊敬と信仰とは違いますが、他の人が信仰しているものには敬意を表するべきだと思うからです。

たとえば、フランスやイギリスで外国人の私たちがそれぞれの国の国歌を聞いていると、胸がジンとしてくるでしょう。これは、その国の人が、国歌に誇りをもっているからにほかなりません。日本国民も、国歌のもつ奥深い意味を考えるべきでしょう。

私は、この在日米国人タレントについて何も知りませんが、このような人こそ国際化社会に生きうる知性と常識を備えた立派な人だと思います。もちろん、日本人の中にも彼女にひけをとらない見識の持ち主は少なくありません。

たとえば、私が二十余年前に教えたことのある岐阜県出身の高崎勝美という小学校の教師は、昨年（平成五年）からアメリカのデトロイトに近いバトルクリークの日本人補習学校へ校長として赴任したのです。そこで国旗・国歌をどんなふうに扱っているのかを知りたくて尋ねたところ、実は今朝、次のようなファクシミリが届きました。

こちらの補習授業は、現地の学校施設を土曜日だけ借りて、小・中学生に国語と算数のみ教えることになっています。私は初代の派遣教員です（現地に数名の先生がいます）から、昨年度より入学式と卒業式の方法を改め、日米両国の国旗を揚げ、また両国の国歌も斉唱することにしました。従来はアメリカ式のラフなスタイルでしたが、変更にあたっては、私が校長として提案し、職員の運営委員会に承認をえ、また実施に先立って、私が児童・生徒に国旗・国歌の説明を一時間行い、各担任に「君が代」の歌詞を配って練習するよう指導しましたので、日本式の厳粛なセレモニーができました。平生の毎週土曜日には、現地教育長の了解を得て、国旗掲揚塔に「日の丸」を揚げています……。

このような先生が指導すれば、児童・生徒たちは日本人としての自覚と誇りをもちながらアメリカ社会の良いところを主体的に学びとり、まさしく世界に通用する人間に育つことができるのではないかと思われます。

このような教育がアメリカにおいてさえできるなら、日本にいてできないはずがありません。いよいよ国際化の進む今日、日本と外国の国旗・国歌に理解をもち、敬意をはらうような常識の教育こそ必要です。その実践に私も微力を尽くし続けたいと思います。

第二章　「日の丸・君が代」と公教育

はじめに――この十年の歩み――

よく〝十年一昔〟と申しますが、今上陛下が皇位を継承されましてからすでに満十年、「平成」の年号も十一年目です。この十年間、日本国内でも世界各地でも、いろいろ大きな出来事があり、まさに未曽有の激動期だったといっても過言ではありません。ここでは、最近制定された「国旗・国歌法」について、その成立過程で知り得たことなどを申し上げるに先立ち、この十年の歩みを簡単に振り返っておきたいと思います。

まず平成元年（一九八九）三月に文部省より告示された「学習指導要領」では、小・中学校も高校も共通の「特別活動」の部分で、「入学式や卒業式などにおいては、その意義をふまえ、国旗を掲揚するとともに、国歌を斉唱するよう指導するものとする」と明記されました。これは、従来「……指導することが望ましい」と、消極的な任意規定だったところを改めて、「……指導するものとする」つまり指導しなければならないと、積極的な必修規定とすることにより、指導の強化徹底を図る方針を明確にしたのです（この点は、平成十年末に告示され、今後実施される新しい「学習指導要領」においても、そのまま引き継がれています)。

しかし、こういう文部省の方針が打ち出されても、依然「日の丸・君が代」反対運動の根強い教育現場の一部では、すんなり実施されないおそれがあり、そのため、児童・生徒たちは、国旗・国歌について無知どころか誤解したまま棄ておかれるのではないか。そんな心配をされた近藤出版社の近藤安太郎社長から「ぜひとも〝日の丸・君が代〟について正確な知識の得られる概説を書いてほしい」との依頼を頂きました。

私は、国旗・国歌の専門家ではありませんが、社長の熱意に動かされ、この機会に世界各国と日本自体のそれに関する先行文献を可能な限り調べあげ、平成二年七月、『国旗・国歌の常識』という書物を刊行しました。この拙著は、幸い各方面で好評を得て版を重ねましたが(現在も改訂新版が東京堂出版から出ています)、そのせいかマスコミなどから問い合わせを受けることも多くなりました。

たとえば、京都市の教育委員会が市内の小・中・高校に「君が代」の録音テープを配布したところ、反対派により不当な公費支出だとして訴えられた「君が代」訴訟で、京都地方裁判所が原告の請求を却下したとき（平成四年十一月）、あるいは、沖縄県の住民運動家が国民体育大会会場の「日の丸」を焼き捨てて起訴され、それを憲法の自由権で争いかけたのに対して、沖縄地方裁判所が「日の丸は国旗」と認める判決を下したとき（平成五年三月）などには、「日の丸・君が代」を国旗・国歌として尊重する立場からのコメントを新聞社や通信社から求められたのです。

また、ちょうどその頃から中央政党の合縦連衡が進み、戦後長らく政権を担ってきた自民党が分裂して野党に転じたり、また鋭く対立してきた社会党などと結んで与党に戻るなど、私ども素人には理解困難な状況となりました。それは当然、それぞれの歴史観・国家観を問い直すことにもなり、「日の丸・君が代」をどう考え扱うかということも避けて通れなくなったわけです。

そんな関係から平成五年十月、当時、野党だった自民党の政務調査会に招かれ、文教部会と文教制度調査会との合同勉強会で「〝日の丸・君が代〟の歴史的由来と国旗・国歌としての法的根拠」と題する講義をし、〝法制化〟の論議もいたしました。ついで翌六年十月には、社会党の村山富市党首が総理大臣、そして自民党の与謝野馨代議士が文部大臣という妙な組み合わせのため、国会（衆議院予算委員会）で相当ニュアンスの違う答弁が問題になりました。その頃、文部省から呼ばれ、与謝野文相らに「国旗・国歌と学校教育上の問題点」について管見を申し上げ、また田中卓先生の命を受けて、武藤記念講座（第六五八回）で講演をさせていただいたこともあります（第一章）。

さらに最近では、いわゆる国際化・国際交流が進むにつれ、相互理解の一助として国旗・国歌への関心もしだいに高まっています。とりわけ世界的なオリンピックでは、表彰式に優勝者の栄誉を称えて、ほとんどの場合その国の国歌を奏《かな》でながら国旗を揚げますので、誰もがおのずとそれに感動します。スキーの若い選手が「日の丸」を片手にゴールしたり、顔にペインティングして応援する若者まで増えています。

ただ、少し残念なことに、戦後、学校で国旗・国歌をまともに教育してこなかったせいか、札幌オリンピックでは、大会の運営者が韓国と北朝鮮の国歌を間違えて流すような、とんでもないハプニングが生じています。また、ソウルオリンピックでは、見学に行った日本の高校生グループが、表彰式の折、起立しないで喋《しゃべ》っていたとか、平成十年の長野オリンピックでは、優勝した日本の女子選手が、表彰台に上がっても帽子を脱がずに手を振っていたことなど、基本的な国際マナーを欠く若い人々の言動が内外の批判を浴びました。

さらに、今や人気絶頂のサッカーでも、平成九年十一月、ワールド・カップへ向けて行われたアジア代表を決める日本対イラン戦に臨んだ有力な選手（二十歳）が、試合前に行う両国の国歌交換セレモニーで「君が代」を歌わなかったばかりか、後日のインタビューで「戦う前に歌う歌じゃない」と語ったと報じられ、かなり波紋を呼びました。もっとも、その半年後（平成十年六月）のフランス大会では、驚くほどたくさんの若いファンたちが「日の丸」を打ち振り、「君が代」まで歌う姿も見られました。

しかしながら、やはり日本人はもっと幼いときから家庭でも学校でも、国旗・国歌などに関する具体的な国際常識を身につけておく必要があると思われます。

一　法制化を決断させた出来事

このように最近十年の歩みを振り返ってみますと、一方では国旗・国歌の重要性を認識する前向きの潮流が出てきたにもかかわらず、他方では「日の丸・君が代」を故意に非難し否定する後ろ向きの運動も衰えていません。

ちなみに、全国の小・中・高校で行われる卒業式・入学式における国旗掲揚・国歌斉唱の実施状況統計（教育委員会の調査報告に基づく）をみると、年々上昇して一〇〇％近い所が大部分です。しかし、実態はもっと低いようで、たとえば大阪市の場合は、平成十一年三月の卒業式における国歌「君が代」の斉唱率は、小学校で七〇・五％、中学校で半減して三七・二％、高校ではなんと四・〇％という惨状が報告されています。

しかも、それよりひどいことが平然と行われている地域さえあるのです。数年前から、一部の活動的な教員が生徒を巻き込んで、学校行事の卒業式をボイコットし、「日の丸・君が代」抜きのフロア送別会を盛り上げるような事例がマスコミの脚光を浴びています。さらに、もっと深刻な事態が続き、ついに、広島の県立高校で痛ましい自殺事件が起こりました。

私は広島の実情を何も知りませんでしたが、平成九年の『産経新聞』（東京版は八月三十一日、大阪版は九月一日の朝刊）に「広島県教委『国旗・国歌』の自粛文書／平成四年、県高教組に提示／指導要領逸脱の疑い」という大見出しの詳しい記事が出ました。また、同じ産経新聞社編刊の『正論』(平成九年十月号)に上杉千年氏の「拝啓　広島県教育委員会殿――反日教育の〝元凶〟を破棄せよ」という激しい論文が掲載されるに及び、その両方を読んで本当に驚きました。他の地域でも類似の事例が潜んでいるのかもしれませんが、少なくとも広島県の東部では、すでに十数年も前から驚くべき状況に陥っていた事実が、初めて表ざたになったのです。

その事情は複雑怪奇ですが、重要なポイントだけを抜き出しますと、まず昭和六十年、部落解放同盟広島県連合会(解同県連)と同和教育推進の二団体、および県教職員組合・県高校教職員組合が、県知事・県議会議長・県教育長も加えた〝八者懇談会合意文書〟を作り、「差別事件の解決にあたっては、関係団体と連携する」ことを決めています。

ついで七年後の平成四年二月、県教育委員会が解同県連と県高教組に対して、自己反省の〝確認書〟を提示しています。すなわち、「君が代」は「歌詞が主権在民という憲法になじまない」「差別につながるおそれもあり」、また「日の丸」は「天皇制の補強や侵略・植民地支配に援用された」などの「基本認識にたつ」に至ったので、県教委として「各地教委・校長へのこれまでの対応にはゆきすぎもあり……反省せざるをえない」という一種の詫び状を入れているのです。

しかも、その五年半後（平成九年秋）には、これが『産経新聞』などで表ざたとなったにもかかわらず、なぜか県教委は先の〝確認書〟を容認して、新たに「『学習指導要領』で定められた内容とともに、過去の歴史的経緯（確認書）をあわせて教育内容とすることが適切である」という、現実には両立し難い見解を示したにすぎません。

しかし、平成十年夏からは、新たに就任した県教育長を中心にして、過去の経緯にとらわれることなく「学習指導要領」の趣旨徹底を各地教委・校長会に強く求めています。それに対して解同県連や県高教組などは、従来の文書を盾にとって一歩も引こうとしません。そのため、いわば両者の板挟みとなった石川敏浩校長（五十八歳）が、卒業式前日の平成十一年二月二十八日、「何が正しいのかわからない。……自分の選ぶ道がどこにもない」との遺書を残して自殺するという悲劇が起きてしまったのです。

その後、三月十日の参議院予算委員会で説明を求められた広島県高校長協会長の岸元學先生は、「解同県連の要請によって、二月十一日、福山地区（広島東部）の校長十八名が、解放会館で同連合会や高校教職員組合など約百人に及ぶ人たちから大衆団交を受けていた」

ことや「石川校長は、……あくまで国歌斉唱を実施するというのなら、従来三脚で立てていた国旗まで引き下ろすぞとか……学校運営に一切協力しないぞと反対されていた」ことなどを勇敢に証言しています。また、その席で意見を求められた同県選出の宮沢大蔵大臣も、「この問題は……四十年ほどの歴史があり……たくさんの人が、いわばリンチに遭い、職を失い、あるいは失望して公職をやめた、それは無限にございます」と説明し、今後その改善に努力する意向を率直に表明しています。

しかしながら、この痛ましい出来事は、全国の人々にものすごいショックを与え、とりわけ政府首脳に重大な決断を促しました。新聞などによれば、広島県からの報告を聞いた野中官房長官は、有馬文部大臣と協議の上、三月二日朝、国旗・国歌の法制化が必要な実情を小渕首相に進言して、その方向で検討するようにという首相の指示を引き出し、記者会見において「（従来のように）教育現場の判断に任せておけば、（今後も）同じような事件が起こりうるということで、（明文上の）法的根拠を考えようということだ」と説明しています。これは、それまで態度の不明確だった小渕首相の最終決断による、まことに適切な措置だったと思います。

ちなみに、私は同日夕方、いくつかの新聞社や通信社からコメントを求められましたので、「従来『学習指導要領』だけで責任を文部省・教育委員会に押し付け、問題を先送りにしてきた。何をもって慣習とみるかの判断は難しいし、慣習は社会的な変化をもろに受ける。……法制化の過程で天皇の議論は避けられないが、憲法第一条に、天皇は国家・国民統合の象徴と明記されており、常識的に理解されると思う」（三月三日、『産経新聞』朝刊。『京都新聞』なども同趣）と答えておきました。

また、事の重大さを考え、ふだん政治に関心の薄い私も、この問題については自分なりに何かしなければと思い立ち、小渕首相と野中長官あてに、次のような短信を添えて拙著『国旗・国歌の常識』を送らせていただきました。

（前略）国旗・国歌の法制化に向けて検討を指示されたことは、まさに平成の歴史にのこる御英断と存じます。

これから作成される「国旗・国歌法案」は、ちょうど二十年前（昭和五十四年六月成立）の「元号法」と同様、簡潔明瞭な法文でよく、その教育上・社会的な扱い方は、実情に即して慎重・柔軟にという対処がよろしいと存じます。（後略）

二　「国旗・国歌法案」と政府の見解

その後、四月から五月にかけて、野党からもマスコミからも法制化反対論が相次いだせいか、政府の態度は消極化したようにみえ、一時、先送り説も流れました。しかし、当局では着々と準備を進め、与野党の間で様々な折衝も行われて、ようやく六月十一日、政府が「国旗および国歌に関する法律案」（以下略称「国旗・国歌法案」）を国会へ上程するに至りました。その本文は、次のように極めて簡単明快なものです（傍点引用者）。

第一条　国旗は、日章旗とする。

2　日章旗の制式は、別記第一のとおりとする。

第二条　国歌は、君が代とする。

2　君が代の歌詞および楽曲は、別記第二のとおりとする。

この本文にいう「別記第一」とは、「日章旗の制式」として「日の丸」の図を掲げ、「一、寸法の割合および日章の位置」として「縦、横の三分の二／日章　直径、縦の五分の三／

中心　旗の中心」と定め、「二、彩色」として「地、白色／日章、紅色」と示しています。また「別記第二」とは、「君が代の歌詞および楽曲」として、上に「一、歌詞／君が代は千代に八千代に　さざれ石の　いわおとなりて　こけのむすまで」を掲げ、その下に「二、楽曲」として「古歌／林広守作曲」の旋律（一段譜）を示しています。

ここで少し気になるのは、まず「日の丸」をわざわざ「日章旗」と称していることです。しかし、後日の国会質疑で内閣内政審議室長は、「日の丸といえば……赤い部分の丸を示す意味もあり、正確を期して日章旗とした」と答えていますが、「日の丸」を今後も通称として使うことは構いません。また第一条も第二条も「……とする」とありますが、むしろ既存の慣習を確認するのですから「……である」としたほうがよいと思われます。しかし、国会質疑の中で内閣法制局長官は、「現在、国旗・国歌についての規範が慣習法として成立しており、『……とする』というのが規範の内容だ」と答えていますから、これも慣習法に基づく確認規定にほかなりません。

政府は法案提出にあたり、提案理由として「我が国におきましては、長年の慣行により『日章旗』および『君が代』が、それぞれ国旗および国歌として国民の間に広く定着しているところであります。そこで政府といたしましては、このことを踏まえ二十一世紀を迎えることを一つの契機として、成文法にその根拠を明確に規定することが必要であるとの認識の下に、この法律案を提出することとしたものであります」と説明しています。

つまり、「日章旗」(日の丸)が国旗、また「君が代」が国歌だということは、国民の間に長年の慣行として広く定着しているけれども(明文上の法的根拠がないから認めないという動きも一部にあるので)、ますます国際化される二十一世紀を迎えるにあたり、従来の慣習を成文法上にきちんと規定する必要がある、と考えて法律案を作ったというわけです。ただ、野中長官は後日、「直接的な動機は広島県立高校の痛ましい事件が念頭にあった」と率直に述べています。

しかも、より重要な意義をもつのは、今回、あらかじめ公明党の石垣一夫代議士から出された「質問趣意書」に対する「答弁書」のなかで、政府が国歌の「君が代」に関する統一見解を示したことであります。

すなわち、まず「君が代」の「君」について、「大日本帝国憲法下では、主権者である天皇を指していたと言われているが、日本国憲法の下では、日本国および日本国民統合の象徴である天皇と解釈するのが適当である」と答えています。ついで、それを受けて「君が代」の歌詞がもつ意味についても「日本国憲法の下では、天皇を日本国および日本国民統合の象徴とする我が国の末永い繁栄と平和を祈念したものと解釈することが適当である」と答えています。

このような見解は、別に目新しいものではありません。政府の国会答弁を調べても、たとえば昭和四十九年五月、奥野誠亮文部大臣は、「新憲法においても、天皇は日本国の象徴であり、かつ日本国民統合の象徴であるとうたわれておるわけで……この歌（君が代）を国歌としても何ら支障はない」と述べています。また、昭和五十九年四月、森喜朗文部大臣も、「天皇は国民統合の象徴であると（現行憲法に）きちんと定めてあるから、その（天皇が）国民統合の象徴でおられ、日本の国民が未来永劫に平和で長く繁栄してもらいたい、こういう願いを込めて歌うという意味で、私は国歌として世界に誇っていいものだと感じている」と論じています。

今回の政府統一見解は、これらの流れを受けてまとめ直したことになります。とはいえ特に「君が代」の「君」は「日本国および国民統合を象徴される天皇」だということを、従来以上にハッキリ明示したところに、画期的な意義があると思います。もし、この点を曖昧《あいまい》にしたまま国会の論議に臨めば、おそらく非常な混乱を招いたことでありましょう。

三　上坂・松本両氏の異論への批判

この政府統一見解に対しては、マスコミでも様々の反応がみられました。そのうち、旧態然たる反対論は放っておくほかありませんが、ちょっと見逃し難いのは、それまで実に手堅い仕事をしてこられた二人の有識者から出された〝異論〟です。

その一人は「ノンフィクション作家」の上坂冬子さんで、『産経新聞』平成十一年六月十八日朝刊の「正論」欄で「〝君が代〟の〝君〟について」と題し、次のように論じています。

まず「国旗や国歌は権威の象徴である。その権威は国民や国土を包括するものでなければならない」という認識を示し、次に「天皇は日本国民統合の象徴であり、国民として〝君が代〟(この君は天皇)が苔むす岩になるほど永遠に繁栄するのを望むのは、決して矛盾しているとは思わない」と一応肯定しながら、しかし、これでは「妙に回りくどすぎる」ので、今後は「ストレートに〝君が代〟より〝我らが世〟と歌いあげたほうがわかりやすいではないか」と歌詞の修正案まで出し、さらに「天皇が神でなく人間であることは、五十三年前の元旦に宣言されている。……国民こぞって人格をもった一人の人間の繁栄を〝君が代〟に託して歌いあげることは、何よりも象徴天皇ご自身が有難迷惑にお感じになるのではないか」というわけです。

しかし、これは上坂さんらしくない、軽薄な意見といわざるをえません。何となれば、そもそも昭和二十一年の元旦詔書が、俗にいう「天皇の人間宣言」などではなく、あの当時「新日本建設の詔書」と称されており、その冒頭に「五箇条ノ御誓文」を全文掲げて、「此《こ》ノ御趣旨ニ則リ……新日本ヲ建設スベシ」と仰せられたものです。しかも、そのために「朕《ちん》ハ爾《なんじ》等国民ト共ニ在リ、常ニ利害ヲ同ジウシ休戚ヲ分タント欲ス。朕ト爾等国民トノ間ノ紐帯《ちゅうたい》ハ、終始相互ノ信頼ト敬愛トニ依リテ結バレ、単ナル神話ト伝説トニ依リテ生ゼルモノニ非ズ。……」と〝君民一体〟の国柄を再確認しておられるのです（詳しくは拙著『皇室の伝統と日本文化』所収「新日本建設の詔書」参照）。

したがって、同二十一年十一月に公布された「日本国憲法」にいう象徴天皇は、決して単なる「一人の人間」ではありえず、まさに「国民や国土を包括する」日本国全体の「権威の象徴」にほかなりません。であれば、「君が代」を「象徴天皇のために歌いあげる」ことがすなわち「我が国の末永い繁栄と平和を祈念したもの」となることくらい、常識的な日本人なら誰にもわかるはずであります。

もう一人は「評論家」の松本健一氏でして、『毎日新聞』の平成十一年七月十三日夕刊に「国家の存在証明と天皇礼式曲」を書き、また朝日新聞社編刊の『論座』八月号に「〝君が代〟は本来、国歌ではない／選択肢示して国民投票に問え」などと論じています。

これによれば、まず「国歌というのは、国際社会向けの国旗と違って、国内向けの存在なのである」「国旗と違って、どの独立国も独自の国歌をもっているわけではない」という前提に立ち、次に「君が代」は「成立当時から天皇に対する敬礼の歌であり曲であった」「この天皇礼式曲が国歌としての意味をもつようになったのは……昭和になってからである」「〝君が代〟に『国歌』の規定が与えられるようになるのは、一九七七年（昭和五十二）の田中［福田］内閣のもとでの文部省『学習指導要領』まで待たねばならない」との認識に基づき、それゆえ「国民的コンセンサスは、まだ出来上がっていない」のだから、法制化を急がず「国民投票による国民的合意」作りが必要だと説いているのです。

しかし、これまた事実誤認による奇妙な主張といわざるをえません。何となれば、国歌は国旗と同様、ほとんど近代国家間の外交儀礼（国家としての存在証明）などに必要だから定められたものです。それが同時に国民の内部結束を促しますので、およそ独立国家には、両方ともなければなりません。そこで、我が国においても、明治の新政府（太政官）は、「日の丸」を「御国旗」と定めるとともに、「国歌」として「君が代」を選び、曲を作らせたわけです。それが明治二十年代から、海外でも「日本の国歌」として知られ、使われてきたことは、前に申し上げたとおりであります。

そのうえ、王政復古により明治天皇を中核として形成された近代日本では、天皇礼式がイコール国家礼式だった（同様に、皇室の主な祝祭日がそのまま国家の祝祭日だった）のですから、それを分けて論じることは意味をなしません。むしろ、そういう従来の歴史を踏まえて戦後に受け継がれた「君が代」だからこそ、松本氏のいう「国歌は本来的にその国の文化であり、長く使い続け、長く歌い続けられるものでなければならない」との要件に最も叶《かな》う、と実感している国民が多いのではないかと思われます。

ともあれ、上坂さんや松本氏ほどの近現代史に明るいはずの良識的文化人が、象徴天皇を「一人の人間」と考えたり、天皇礼式と国家礼式を別物とみなすような意見をわざわざこの時期に出されたのは、やや意外であり不可解であります。特に今さら「国民的コンセンサス」を得るための「国民投票」を行えというような評論は、松本氏と多分立場の異なる反国家論者らと同次元に立つことになると言わざるをえません。

四　衆議院内閣委員会の参考人意見

こうして、平成十一年六月十一日に上程された「国旗・国歌法案」は、他のガイドライン関連法案などとの兼ね合いから、ようやく二十九日に至って衆議院の本会議で趣旨説明などが行われ、内閣委員会に付託されました。その委員会(委員長・二田孝治理事)は、慎重審議を求める野党に配慮して、国会内だけでなく、七月六・七両日に全国四か所(沖縄・広島・金沢・札幌)で地方公聴会を開き、また八日には中央公聴会、さらに十六日、院内で参考人招致を行っています。

その間、私は六月十五日、自由党本部に招かれて、国会対策委員（二階俊博委員長）など二十数名に対し、法制化の必要な論拠を説明しました。また七月十四日には、参議院の新世紀政策研究会（会長・村上正邦自民党議員）が主催する研修会で、超党派の五十数名に対し「〝君が代〟の来歴と解釈」について講述しました。さらに七月十六日には、内閣委員会へ審議の参考人として招かれることになりました。

このときの参考人は、法案賛成が、吹浦忠正氏（オリンピック国旗アドバイザー）と阿部正路氏（国学院大学教授）と私の三人です。また法案反対は、中田喜正氏（作曲家）と弓削達氏（東京大学名誉教授）と山口光昭氏（共産党系の全日本教職員組合委員長）の三人です。ここに、私の陳述意見（十五分間）を、衆議院内閣委員会の会議録（一部修訂）により紹介させていただきます。

＊

私は、日本の歴史と法制を研究している者でございます。このたび「国旗・国歌法案」の内容を慎重に検討しましたが、結論を先に申せば、全面的に賛成であります。

私は十年ほど前、『国旗・国歌の常識』というタイトルの書物をまとめたことがございます。その際、日本の「日の丸・君が代」だけでなく、ただいま意見陳述された国旗に精《くわ》しい吹浦先生や、あるいは作詞家の高田三九三《さくぞう》という先生の出された『世界の国歌全集』というようなものを参考にしまして、全世界の国旗と国歌についても可能な限り調べました。それを通じて私なりに再確認し得たことは、次の三点であります。

第一に、現在二百近い独立国家（国連未加盟国も含む）には、ほとんど特定の国旗と国歌がございます。もし自分の国を表す特定の国旗や国歌がなければ、独立国家としての要件を欠いていることにもなりかねません。

第二に、それらの国々では、自国の特色を象徴する国旗と国歌について、ほとんど何らかの法的な措置をとっています。また、その様式や扱い方などを法律で明文化している例も少なくありません。

第三に、どの国旗も国歌も、その国の誇りとする歴史や風土、また多くの国民が信ずる宗教、さらに現在の政治や社会の特性などを端的に表しています。したがって、国旗・国歌により、各々の国柄をよく知ることができます。

これを我が国について顧みますと、第一に、日本は今や世界有数の独立国家でありますが、敗戦後、占領下で「日の丸」の掲揚を制約され、また「君が代」の斉唱もタブー視されたことなどが影響しているためか、一般に国旗・国歌への関心が薄い、といわざるを得ません。しかも、教育界などの一部に、「日の丸・君が代」のマイナス・イメージばかりを強調し、これをあえて否定しようとするイデオロギッシュな運動が、いまだに根強く行われています。

第二に、しかし大多数の世論は、「日の丸」を日本の国旗とし、また「君が代」を日本の国歌と認めています。さらに、戦前も戦後も、世界のあらゆる国々が、これを当然のように公認しています。したがって、このような内外の認識と長年の慣習を踏まえ、「日の丸・君が代」を日本の国旗・国歌として明示する、今国会で審議中の簡潔明快な法律を制定することには、十分根拠があります。

第三に、しかも歴史と法制の両面から見て、この「日の丸」と「君が代」こそ、我が国の千数百年に及ぶ伝統文化を表し、また現行憲法下における日本の国柄を示すことのできる、最も適切な国旗・国歌だといってもよいと思われます。

このうち、第三の点について、これ以下、もう少し説明を加えさせていただきます。

まず、「日章旗」すなわち「日の丸」は、何よりも「日本」という国号を如実に表しています。しかも世界で最もシンプルなデザインだと思います。

大昔（一〜六世紀）、我が国は中国から東夷と蔑《さげす》まれ「倭」と呼ばれていました。しかし、七世紀の初め頃、遣隋使が中国へ持参した国書には「日出る処」と記されており、やがて「倭」と称されることを嫌い、みずから「日の本」すなわち「日本」という国号を用いるようになったと、ほかならぬ中国の正史に書かれています。

その「日」は太陽であります。地球上の万物に光明をもたらす太陽を丸印で表すことは、世界に多く見られます。しかし、それを金色や黄色でなくて、明るい赤色（紅＝ライジング・サンレッド）で表すのは、日本的な特色といってよいかもしれません。しかも、それが平安時代から中世・近世を通じて、扇や旗などに広く使われてまいりました。

そこで、幕末に至り、ペリーの黒船が来航したとき、薩摩藩主の島津斉彬が積極的に提案し、水戸藩主の徳川斉昭が強力に主張した結果、安政元年（一八五四）・同六年に、当時の政府である江戸幕府は、「白地・日の丸旗」を「日本総船印」「御国の総標」と定めました。

これが、単に船の旗ではなく、当時から日本を代表する「国旗」だと認識され、現実に機能しています。それは、たとえば文久元年（一八六一）頃に出版された『世界輿地《よち》全図』や『官許新刊輿地全図』などの周囲に描かれている万国旗を見ますと、「日の丸」が堂々と「大日本国旗」と書き表されている点からも明らかでありましょう。

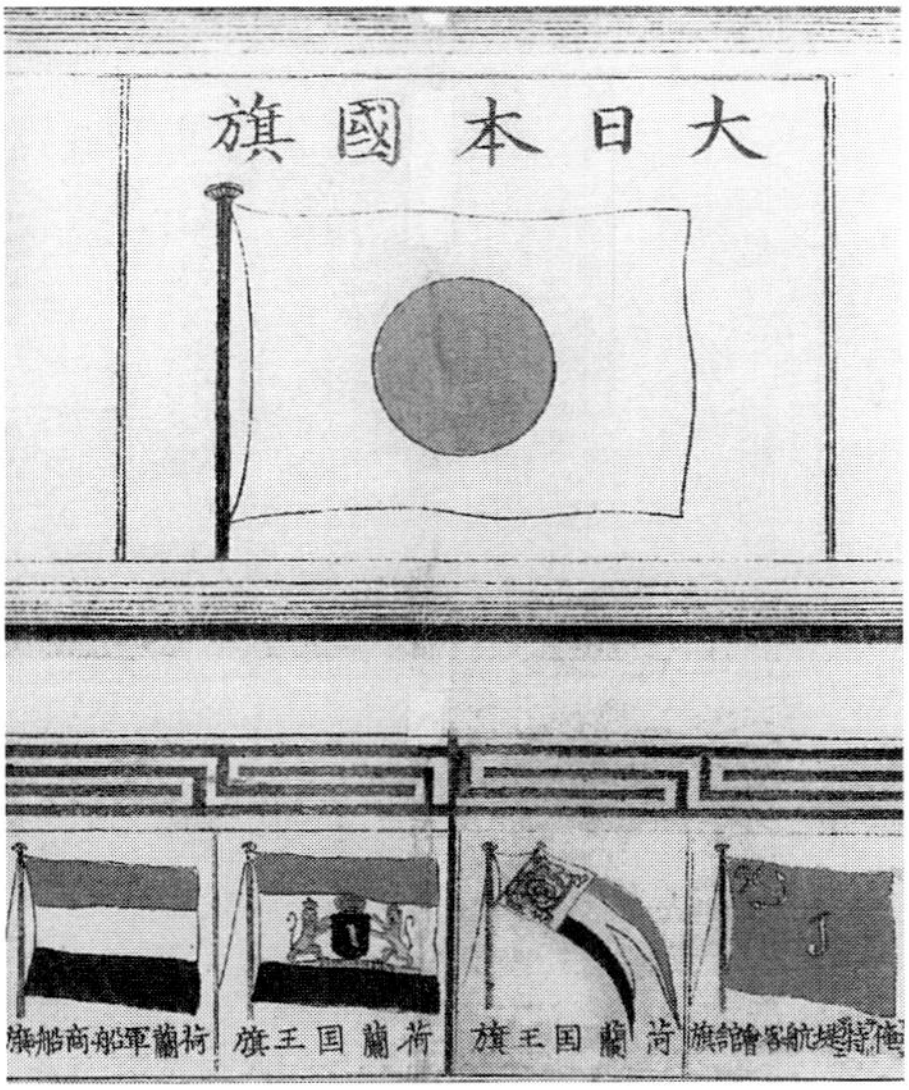

文久元年（1861）江戸で版行した『官許新刊輿地全図』の周辺挿図に「日の丸」が「大日本国旗」と明示されている。安政年間（1854～9）幕府の定めた「日本総船印」「御国総標」は正に日本の国旗であった。下には二種類のオランダ国王旗・オランダ軍船商船旗・アムステルダム航客会館旗などが見える。

それゆえに、明治の新政府も、江戸幕府の方針を引き継いで、明治三年（一八七〇）の正月二十七日、「日の丸」を「御国旗」と確定し布告しています。これは、明治維新というものが、従来の歴史否定にのみ走りがちなRevolutionと異なり、むしろ伝統の本質継承につとめたRestorationだ、と評価されるゆえんでもあります。

一方、「君が代」をみると、歌詞と曲から成っていますが、これまた、両方とも日本の伝統的な国柄を良く表す、まことにユニークな国歌だといってよいと思われます。

この歌詞の元歌は、十世紀の初めに勅撰された『古今和歌集』の中に「賀歌」つまり祝い歌としてトップに収められています。その冒頭は、当初「わが君は……」でしたが、ほどなく「君が代は……」という表現に改められたのです。それが平安時代から中世・近世を通じて、様々の形で中央や地方に広まり、各界各層の人々に親しまれてまいりました。おそらく「百人一首」以上にポピュラーな国民歌謡だといえましょう。

それゆえに、明治三年（一八七〇）、外交儀礼上、初めて日本の国歌を作る必要に迫られた際も、相談を受けた大山巌は、平素から愛唱していた薩摩琵琶歌の「蓬萊山《ほうらいさん》」などに詠み込まれている「君が代」を歌詞に選んだ、と伝えられています。

その琵琶歌には、「目出たやな、君が恵みは久方の……君が代は千代に八千代にさざれ石の巌となりて苔のむすまで命ながらへ……堯舜の御代もかくあらん……」云々とあります。この文脈にみえる「君」は、江戸幕府時代においても、徳川将軍ではありえず、京のミカド（天皇）を指していた、と解するほかありません。事実、大山巌も「英国の国歌に、God save the King（神よ我が国王を護れ）と云ふ歌がある。我が国の国歌としては、宜しく宝祚《ほうそ》の隆昌、天壌無窮《てんじょうむきゅう》ならんことを祈り奉れる歌を撰むべきである」といって「君が代」を推薦した、とあとでみずから語っています。

ただ、この歌詞に対して英国人フェントンの付けた曲は、評判よろしきをえず、数年後に廃止されてしまいました。そして明治十三年（一八八〇）に至り、新しい現行の「君が代」曲が作られたのであります。

そのいきさつは少々複雑ですが、大事なことは、第一に歌詞として引き続き「君が代」を用いたことであります。第二に、その原楽譜は、宮内省一等伶人の林広守らが作った雅楽調の「壱越調律旋」だということです。第三に、その編曲は、独逸人エッケルトが原譜を尊重しながら、演奏し斉唱しやすいようにしていることであります。

しかも、これが当時から〝国歌〟だと認識されていたことは、エッケルトが一八八〇年一〇月二五日付でサインした吹奏楽用総譜の表紙に「国歌『君ヶ代』楽譜」と墨書されて

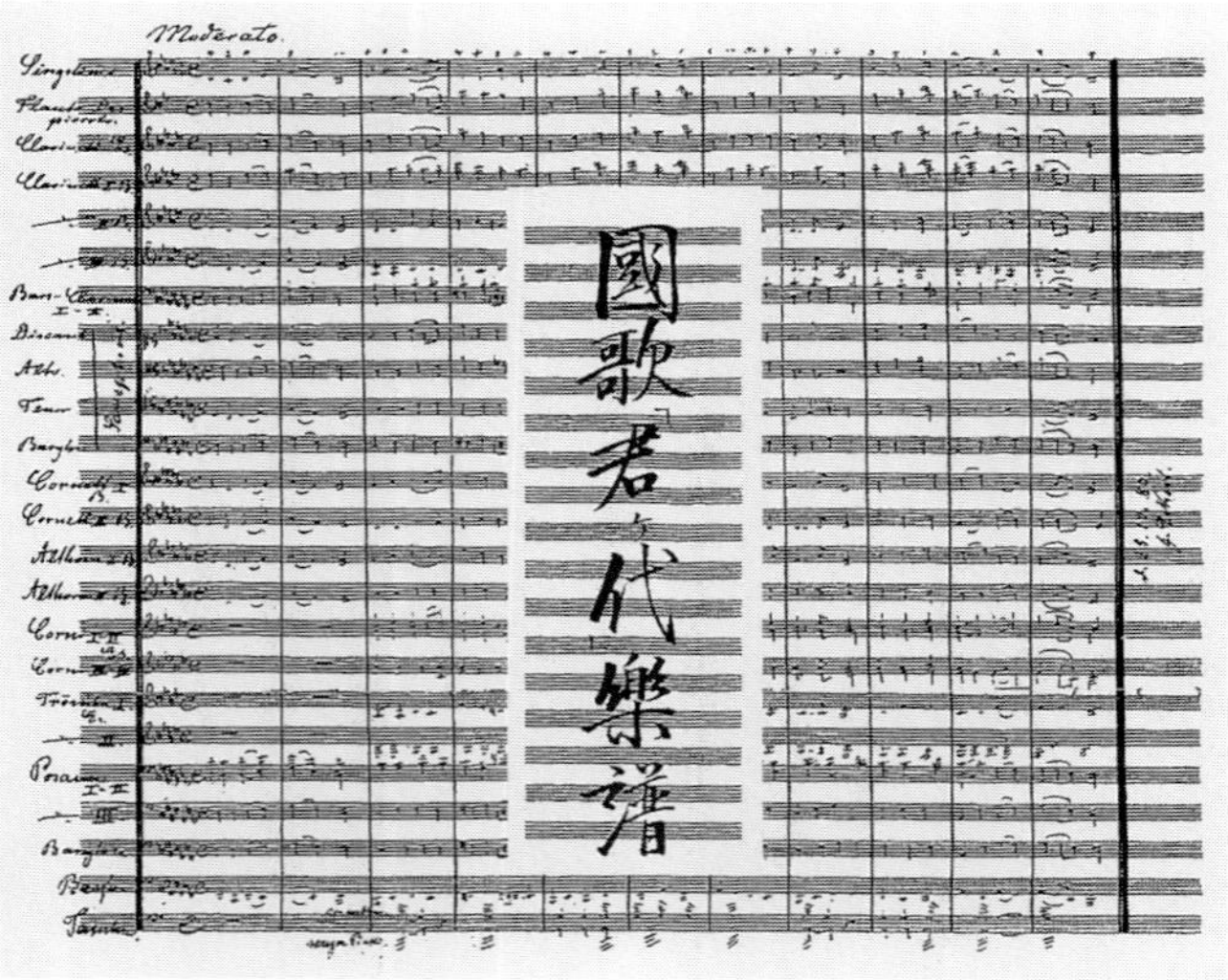

明治13年（1880）、宮内省伶人林広守らの作曲した雅楽調の「君が代」を洋楽風に編曲した海軍御雇教師（ドイツ人）エッケルトが右端に「25.10.'80／F.Echert」と署名した総譜の表紙に「国歌君ヶ代楽譜」と明記されている。

いることで分かります。また、明治二十一年（一八八八）内外に交付された『大日本礼式』の表紙に、ドイツ語で「JAPANISCHE HYMNE」（日本の国歌）と記されている点からも窺《うかが》うことができます。

　このように国歌「君が代」の歌詞は、最も伝統的な国語表現である五七調の和歌を用い、しかも敬愛する「君」の長寿と繁栄を祝い祈る賀歌に由来します。またその曲も、日本的な雅楽の原譜に基づいて西洋風に編曲されたものであります。したがって、音楽の専門家たち、たとえば国際的なオペラ歌手の林康子さんも、「すばらしい歌だ。雅楽の旋律で、詞も和歌から引いており、これだけ独特の伝統文化が国歌に生かされているのは、世界的にも類がない」（『朝日新聞』平成十一年六月十二日朝刊）と高く評価しておられます。

さて、今回政府は、「君が代」の歌詞につきまして、「日本国憲法の下では、天皇を日本国および日本国民統合の象徴とする我が国の繁栄と平和を祈念したもの」という統一見解を示されました。これは、従来の歴代首相や文部大臣らの国会答弁、および文部省の作る「学習指導要領」の解説指導書（小学校社会科篇）にあった説明と同じ趣旨でありますが、それを一段と明確にされた意義は、まことに大きいと思われます。

何となれば、現行憲法が最も重要な第一章に「天皇」という章を設け、第一条で「日本国民の総意に基く」と定める象徴の天皇は、もちろん単なる私人ではありません。その第二条に「皇位は世襲」と定められている天皇は、大和朝廷以来の百二十五代にわたる歴史を受け継がれ、まさに日本国および国民統合の象徴として、「内閣の助言と承認」により、多様な国事行為などの公務を御在位中（終身）いつも国家・国民のために行わねばならない、純然たる〝至高の公人〟であります。

古来、我が国では、王朝時代にも武家時代にも、歴代の天皇を精神的な拠り所としてまいりました。この日本国は、現行憲法の下においても、世襲の象徴天皇を君主として仰ぎ続ける「立憲君主国」とみることができます。このような伝統をもつ日本の国柄を最もよく表すのが、今回の政府統一見解に示されたような意味における国歌「君が代」にほかならないと思われます。

なお、この「君が代」の後半に「細れ石の巌と成りて」とあります。これも単なる文学的比喩とは限りません。先ほど阿部先生も言われましたように、実は私の郷里に近い岐阜県揖斐《いび》郡春日村の粕川には、伊吹山から流れ出る石灰質の作用により、長い長い年月の間にたくさんの小石がコンクリート状に凝結して巨岩となったものがあります。これを学名で「石灰質角礫岩《かくれきがん》」と称し、地元ではそれを「さざれ石」と呼んでいます。平安初期の名も無き歌人も、あるいはこのような天然現象に悠久の時間の流れを感じ取って、それを賀歌の中に詠み込んだのではないか（この点を国歌の解釈に応用するならば、個々の人間はバラバラで小石のようなものかもしれませんが、皇室を中心に日本の国民という連帯認識をもってまとまれば、大きい巌のごとき存在となり、様々の荒波にも耐えてゆく強い国力をもつことができる、というような意味も汲み取れる）と思われます。

私は、以上のような理由によりまして、日本の伝統と国柄を実によく表す「日の丸・君が代」こそ、日本の国旗・国歌として法制化されるに最もふさわしく、これに代わるものはありえない、と考えております。

＊

このような私の意見陳述に対して、三人の内閣委員から質問を受けました。その一人は公明党の倉田栄喜委員で、「君が代」の解釈は時代により「変わってしかるべきか」と尋ねられましたので、私は次のように答えました。

古来の賀歌、お祝い歌としての「君が代」にはいろいろな解釈があり、また我々もいろいろな用い方をして構わないと思いますが、国歌としての「君が代」は、まさに国の歌でありますから、大日本帝国憲法時代には、その憲法に則して、また今の日本国憲法のもとでは、この憲法に則して解釈することこそ大事だと思います。

そういう意味で、特に天皇というものを考えるときに、戦後、突然存在するようになったのではなくて、まさに長年の歴史の中に存在されるわけです。そのことを踏まえ、現行憲法に則して解釈すれば、象徴天皇の地位も世襲であるということに大きな意義があると思います。その世襲の天皇は、単に空間的なだけでなくて、時間的な日本を象徴される。まさに空間的存在であると同時に時間的存在でもある日本国を、換言すれば、この祖先以来の、また現に存在する国民を全体として表される、ということが、今の憲法にも冒頭の第一条・第二条でまことにうまく表現されている。それに則して解釈すればよいのではないかと思っております。

もう一人は、民主党の佐々木秀典委員でして、もし戦前に法制化されていたら、戦後「君が代はこの憲法に合わないということで、なくなっていたのではないか」、したがって「法制化ということはいかがなものか」と問われましたが、私は次のように答えました。

どの国にも国旗・国歌が必要だということは、ほとんどの方の共通認識です。それが日本では「日の丸」であり「君が代」であるということも、慣習的に多くの人々が認めておられる。しかし、実はそうでないと言い張って、明文上の法的根拠がないから入学式・卒業式で掲揚も斉唱もやらないという人がいる限り、長年の慣習と大半の世論に基づいて法制化するということは、必要な法的措置だと思います。

それでは、戦前にそうされておったら戦後なくなったのではないかと言われますが、私は変わらなかったと思います。なぜなら、今の日本国憲法は、少なくとも手続き的に大日本帝国憲法の改正手順を踏んで成立しております。しかも、その第一章という、憲法で最も重要な部分に〝天皇〟という章をおいて、この天皇が日本国の象徴であり国民統合の象徴だということを明文化しておるわけです。

そういう意味から、日本国を表す天皇、また日本国民統合を表す天皇というものを戴く戦後の日本では、たとえ戦前に「君が代」が法制化されておっても、なおそのとおり通用したであろうと考えております。

さらに、いま一人は自由党の中村鋭一委員ですが、その質問は専ら私に向けられましたので、後ほどまとめて触れたいと思います。

このあと、衆議院では七月二十一日、内閣委員会において法案の起立採決が行われ、また翌二十二日、本会議において記名投票が行われて、実に八割を超す圧倒的多数の賛成により可決されました。その内訳は、自民党・公明党・自由党の全員および民主党の約半数が賛成で合計四百三票、それに対して民主党の約半数および共産党・社民党の全員が反対で合計八十七票、つまり八二％強対一八％弱の大差であります。

五　参議院地方公聴会の公述人意見

そこで、法案は直ちに参議院へ送られました。しかし、その付託先をどこにするかで与野党の攻防が続き、結局、この法案のために特別委員会を設けることになったのです。そして、ようやく七月二十九日、本会議で趣旨説明が行われ、八月二日に参考人招致、ついで四日、名古屋と仙台において地方公聴会が開かれることになりました。

その間、私は衆議院で参考人の役を務めましたので、あとは無事成立を祈るのみと思っていたところ、自民党（中曽根弘文議員）と自由党（扇千景議員）から、あらためて参考人か公述人として出るよう要請がありました。しかし、東京にはいくらでも適任者がいますので、参考人は明星大学の高橋史朗教授に出てもらい、ただ私の郷里に近い名古屋地方公聴会の公述人は引き受けざるをえないことになったのです。

この名古屋地方公聴会（団長・鴻池祥肇理事）では、法案に賛成が山本春樹氏（山本学園理事長）と中山清治氏（名古屋工学院専門学校長）と私の三人、それに対して法案に反対が島しづ子氏（日本基督教団牧師）と小林武氏（南山大学教授）と安川寿之輔氏（日本戦没学生記念会事務局長）の三人です。公述時間は各人十分しかありませんので、事前に原稿を用意しました。その意見は次のようなものであります。

＊

私は、岐阜県の出身で、名古屋大学を卒業し、現在こちらから京都へ通っております。専門は日本法制史でございますが、さる七月十六日、衆議院内閣委員会に参考人として「日の丸・君が代」法制化に賛成する旨の意見陳述をさせていただきました。本日は、この参議院特別委員会による名古屋地方公聴会で公述人として再び意見陳述の機会を与えられましたので、前回と一部重複しますが、少し別の観点から申し上げたいと存じます。

「日の丸」つまり「日章旗」が、日出るところの日本国を表すのに最もふさわしい国旗であることは、世論調査を見ましても、大多数の国民に支持されています。しかしながら、「君が代」を日本の国歌とすることには、まだ異論を唱える人が少なくありませんので、こちらに力点をおいて私見を申し述べます。

すなわち、我が国で国際儀礼上、日本国歌が必要になり誕生しましたのは、明治天皇を中心にして近代的な統一国家を築き始めた明治初年のことであります。その歌詞は、薩摩藩の大山巌が琵琶歌「蓬莱山」などに詠み込まれている賀歌「君が代」を提示したものと伝えられております。

したがって、その当時の国歌「君が代」にいう「君」は、もちろん大君イコール天皇にほかなりません。また、明治二十二年に欽定された大日本帝国憲法のもとでは、この国歌が日本国の元首であり統治権の総攬者と定められた天皇陛下の御代長久をことほぐ歌と解されてきたのも当然でありましょう。

一方、戦後その旧憲法の改正手続きを踏んで全面的に一新された日本国憲法については、様々な議論がございます。しかし、現在この憲法に従っている私どもは、その立法趣旨と条文自体に即して解釈するほかありません。されば、この憲法は、前文で国民主権を宣言しながら、第一章の第一条で「天皇は、日本国の象徴であり日本国民統合の象徴であって、この地位は、主権の存する日本国民の総意に基く」と規定するとともに、その第二条で「皇位は世襲」と明示しております。

つまり、日本国憲法の定める天皇は、その原案起草を命じたマッカーサー・ノートに記す国家の元首「ザ・ヘッド・オブ・ザ・ステート」であります。それが象徴「シンボル」というソフトな用語に改められていますが、この象徴天皇は、日本国を代表し、また日本国民の統合を表す純然たる〝公人〟にほかなりません。しかも、「皇位は世襲」というのですから、大和朝廷以来およそ千数百年以上も続く比類のない家柄の皇族（男系の男子）が、国会の定める「皇室典範」に則って皇位を世襲されることになります。このような象徴世襲天皇の地位を「主権の存する日本国民の総意」に基づいて確定しているところが、第一条の本質的な特徴でありましょう。

したがって、この現行憲法下における国歌「君が代」の「君」は、かような意味における象徴世襲天皇を指します。そして、それがイコール日本国を表すとともに、日本国民統合のシンボルだということなのです。ちなみに、『君主制の比較憲法学的研究』という大著をまとめられた榎原猛《えはらたける》博士（大阪大学名誉教授）は、憲法に国民主権を明記しながら、君主を国家国民の代表・中心と仰いでいる立憲君主国として、ベルギー王国やタイ王国など数か国を挙げ、我が国もその典型的な一例とみなしておられます。

さて、このような「君が代」の解釈は、今回「国旗・国歌法案」の提出にあたって示された政府の統一見解と基本的に符合するものであります。そして、ほぼ同じ趣旨の見解は、すでに平成元年に告示された「学習指導要領」の文部省による解説指導書にも認められます。しかし、それが小・中・高校の教科書にきちんと書かれておらず、また教育現場の一部では、ほとんどまともに教えられていないように見受けられます。

たとえば、十年前に日本青少年研究所から発表されたデータですが、日本と米国の高校生を対象とした「国旗・国歌に対する意識と態度の調査」結果を見ますと、日米の差があまりにも大きい。そのコメントを見ても、「日本の高校生は外国の国旗や国歌に敬意を表さないばかりか、自国の国旗掲揚、国歌吹奏に際してもふざけた態度をとっていると諸外国から非難されている」との指摘があります。しかも、このような状態はいっこうに改善されず、むしろますます悪くなっていると言わざるをえません。

それはなぜかといえば、「日の丸」にも「君が代」にも明文上の法的根拠がないと言い張って、入学式や卒業式などの国旗掲揚、国歌斉唱に反対する理不尽な運動が各地で根強く行われてきたからだと思われます。

しかしながら、「日の丸」にも「君が代」にも、日本の国旗・国歌として百年以上の伝統があります。そのうえ、今回この「国旗・国歌法案」が、およそ七〇%を超す多数世論にしたがって、参議院でも可決されますならば、「教育基本法」の第一条に明示されている「国民の育成」という〝公教育〟の目的に背くような反対運動は、おそらく不可能になるはずであります。

むしろ、これを転機として、広く国際理解の観点から、小学校・中学校のみならず高校や大学においても、日本と諸外国の国旗・国歌を教材として積極的に取り上げる必要があります。そして、それぞれの国家・国民が大切にしているものを互いに尊重し合えるような、世界に通用する国民教育を推進してほしいと念じております。

最後に、このような国際的視野をもって世界的に活躍しておられるオペラ歌手の林康子さんが、最近ある新聞（『朝日新聞』）に寄せられました「君が代」に関するコメントを引用させていただきます。「すばらしい歌だ。……これだけ独特の伝統文化が国歌に生かされているのは、世界にも類がない。……これを、今日の視点で批判するのはおかしい。かつてこういう歌が詠まれ、お祭りの場で庶民から大切にされてきたということが貴重なのであって、歴史的遺産に対して現在の理屈でケチを付けるのは島国根性というものだ。……」

これには全く同感であります。まさに私どもは、先人から受け継いだ「独特の伝統文化」であり「歴史的遺産」ともいうべき「日の丸・君が代」について一段と理解を深め、日本国民としてのナショナル・アイデンティティーを共有しながら、まさにグローバルな二十一世紀へと進んでまいりたいと思います。このたびの法制化をチャンスとして、このような真の日本再建と国際化の実現に向け前進したいものであります。

＊

このような私の意見に対して、自民党の南野《のおの》知恵子委員と公明党の山本保委員および社民党の山本正和委員からそれぞれ質問を受け、短い時間の陳述で触れられなかったことを補足することができました。その内容は、あらためて申し上げます。

なお、それ以外で補っておきたいことが二つあります。その一つは、憲法に国民主権を明記する「立憲君主国」として二例、実名をあげました。念のため、『和訳各国憲法集』（衆参両院・内閣法制局編）によれば、まず「ベルギー王国憲法」では、第三篇（権力）の第二五条に「すべての権力は、国民から発する」とあり、また「タイ王国憲法」でも、総則の第二条に「主権は、タイ国民から発する。国王は、国の元首であって、この憲法の定めにより主権を行使する」とあります。

もう一つは、音楽専門家の「君が代」曲評価です。作曲家の三枝成彰《さえぐさしげあき》氏は『SAPIO』（平成十一年五月十二日号）に、「この曲は非常に完成度の高い名曲だ。その理由の一つは、この曲が日本の雅楽の音階の上に西洋的な楽曲を乗せ、うまく調和させているということだ。……この曲には、東洋的な荘厳さと神秘性がある。……〝君が代〟は音楽的にみると、日本の国民性を端的に表している最適の楽曲といえるだろう」と絶賛しています。また、編曲家の内藤孝敏氏（中公文庫『三つの〝君が代〟』の著者）も『諸君』（平成十一年十月号）所載の論文で、「日本伝統音楽の流れを汲み、歌い親しまれてきた〝君が代〟ほど国歌にふさわしい曲はない」と詳しく論じています。

六　中村・南野両委員との質疑応答

ここで、少し前に戻りますが、まず衆議院内閣委員会における中村鋭一委員（自由党）

の質疑とそれに対する応答を紹介します。

まず一つ目は、私が「敗戦後、占領下で〝日の丸〟の掲揚を制約され、また〝君が代〟の斉唱もタブー視された」と指摘したことについて、具体的な事実を尋ねられましたので、次のように答えました。

こちらの衆議院内閣調査室で作られました『参考資料』(国旗・国歌法案の関係資料集、A4判三〇四頁。そのうち三二頁分は拙著『国旗・国歌の常識』からの抄出コピー)を見ましても、適切な資料が出ております。

この中に「占領下の国旗」ということが一五六頁にまとめてございまして、「連合国軍総司令部は、占領の当初、日の丸の掲揚を禁じていたが、昭和二十二年五月に、マッカーサーは、日本国憲法の施行に際して、国会・最高裁判所・皇居に限定して、国旗の掲揚を認めた。翌二十三年三月には、連合国軍総司令部覚書により、十二の祝祭日における国旗掲揚が許可された」。つまり、最初は全面禁止、やがて部分許可となりました。それがようやく昭和二十四年正月に至り、「マッカーサーは、年頭のメッセージで国旗掲揚の制限を撤廃し、国内において無制限に使用し掲揚することを許可した」わけです。しかしながら、昭和二十七年四月、講和独立に至るまで、海外に出る船舶は日本の国旗を掲げることができなかったという事実がございます。私の記憶にありますのは、ちょうど講和独立の頃、小学校五年生でありましたけれども、初めて翩翻《へんぽん》と掲げられる「日の丸」を学校で見て嬉しく思ったことがございます。

そういう状況でありますから、「君が代」につきましても、特段の禁止命令は出ていないようでありますが、やはりそれを遠慮する、タブー視する風潮が当時はあった（小学校の音楽教科書にも載っていなかった）ように思います。

ついで二つ目の質問は、「君が代」の「君」について、一般的な用法と政府の統一見解を取り上げ、再確認を求められましたので、次のように答えました。

この「君」という言葉は、古くから、たとえば天皇という言葉がまだない時代にも、天皇を「大君」と称しました。それが広く使われるようになり、「君」といえば、地位の高い方にも恋人にも用いられます。しかし、それが賀歌として使われる場合は、かなり限定して、特に敬愛する相手を指す。さらに、国歌としては、まさに明治のときも戦後も、それぞれの憲法に即して解釈すれば、やはり天皇と考えるほかない。現時点では、まさに象徴世襲天皇を指すという以外にありません。そのことを、あらかじめ政府が統一見解で示されたことは、まことに意義のあることだと考えております。さらに三つ目の質問は、重ねて現行憲法と今回の「国旗・国歌法案」との整合性について尋ねられましたので、次のように答えました。

学習院大学の坂本多加雄教授も『象徴天皇制度と日本の来歴』（都市出版刊）という書物の中に論じておられますが、要するに天皇というのは、古来の歴史を担ってこられたのですから、当然、現在の象徴天皇についてもその歴史を受けて理解すべきであります。現行憲法の成立にはいろいろな事情がありましたけれども、千数百年来の歴史、明治以来の歴史を踏まえて、その条文を考える必要があります。象徴天皇が日本国および日本国民統合の姿を現されているということは、憲法自身に明記されており、そのことが「主権の存する日本国民の総意」だというわけであります。

この「主権の存する日本国民の総意に基く」というのは、その時々の世論に問うというようなことではありません。まさに建国以来の日本人、そして憲法制定当時の日本人、将来にわたる日本人まで含めて、日本国民全体の総意（一般意思）がそういうふうに確定しておるのですから、この憲法が続く限り、まさに象徴世襲天皇をもつ日本国および日本国民の歌として、この「君が代」は最もふさわしいと思います。

一方、参議院特別委員会の名古屋地方公聴会における質疑は、私を推薦された自由党の扇千景委員が急用で出席不可能となり、その分は自民党の南野知恵子委員が担当されることを前夜になって知らされました。そこで、うまく対応できるか心配になりまして、取り急ぎいろいろな準備をして名古屋の会場へ臨みました。

まず一つ目は、私の指摘した「象徴天皇イコール日本国」というような解釈が、新憲法の成立当初からあったのかと尋ねられました。これにはちょうどよい資料を持参していましたので、次のように説明しました。

一昨年、国立国会図書館で行われました「新憲法の生い立ち」という特別展示がございまして、そのときに拝見したものですが、昭和二十二年五月の新憲法施行にあたりまして、憲法の趣旨を普及するためにいろいろな努力が払われました。その一つにポスターがございます。これは日本大学の政治経済学会がつくったもので、日本列島の上に日本国民が描かれ、「国民の総意」によって「日の丸」を奉じておりますが、

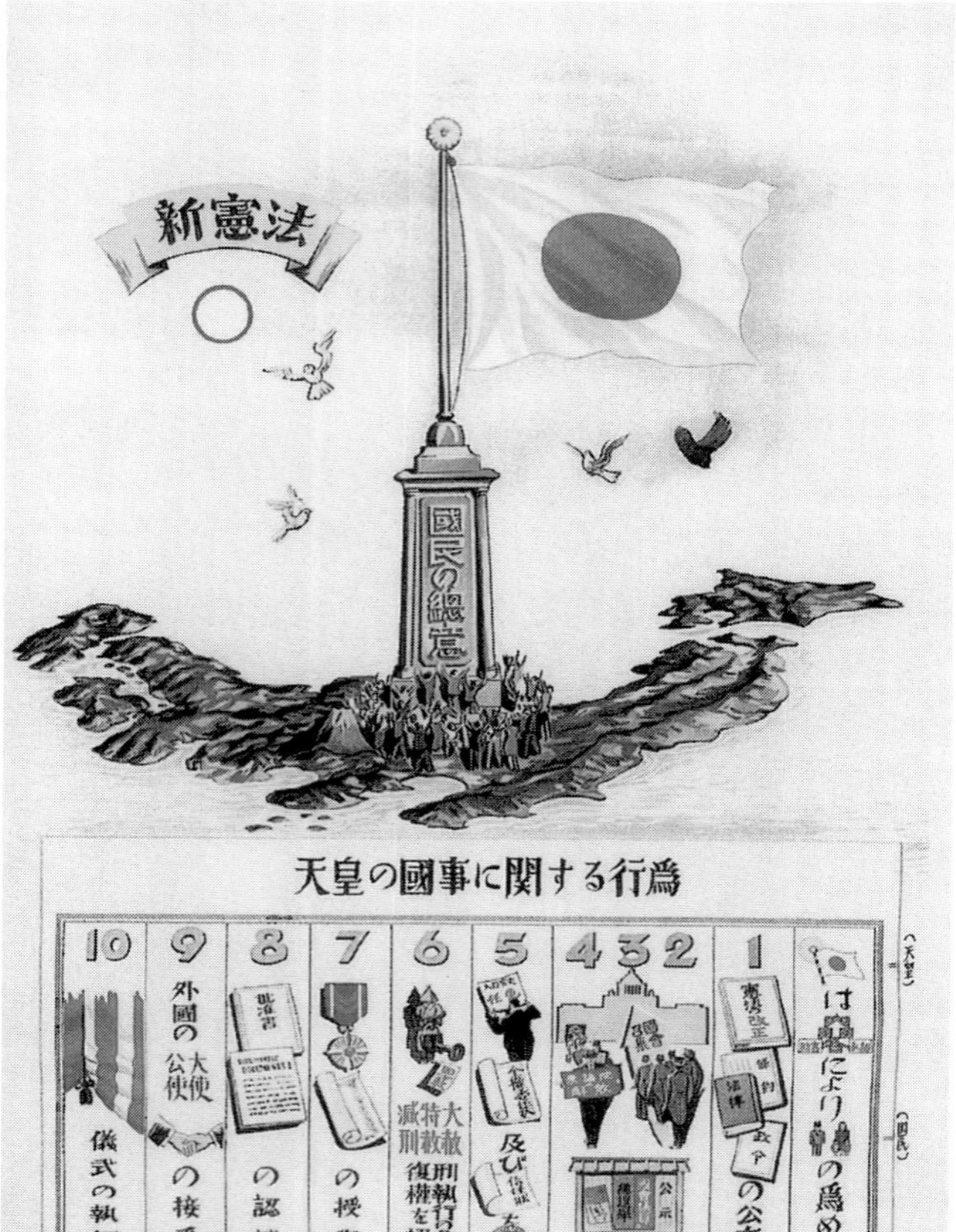

昭和 22 年（1947）施行された『日本国憲法』の宣伝ポスター（日本大学政治経済学会編・憲法普及会推薦）。国旗の竿頭の玉は菊の御紋章で、この「日の丸」が日本国と共に象徴天皇を表している。右下では、憲法第七条「天皇は内閣の助言と承認により国民のために」行う国事行為を図解し、主語の天皇を菊紋つき国旗で示している（パスポートの菊紋も日本国を表す）。国立国会図書館憲政資料室所蔵。

実は、この「日の丸」の玉の部分が菊の御紋章になっております。

しかも、それをそのまま右下へ移しまして、憲法の第七条が絵で説明してある。それを見ますと、この日本国を表す「日の丸」の旗がイコール天皇を意味します。「天皇は、内閣の助言と承認により、国民のために、左の国事に関する行為を行ふ」という憲法の第七条を図解するために掲げられたこの絵は、まさに「日の丸」が日本国イコール象徴天皇だ、象徴天皇イコール日本国民統合の象徴だということを、見事に表しています。

つまり、昭和二十二年当時、占領軍がいろいろ厳しくチェックしていた時期ですが、そういう中にあっても、憲法の趣旨は、象徴天皇イコール日本国だ、日本国民統合の象徴ということなんだということが示されております。それが立法趣旨であり、当時の一般的な解釈でもあった、というふうに私は思っております。

ついで二つ目の質問は、「君が代」の歌詞に見える「さざれ石の巌となりて」という部分に関連して、「さざれ石は岐阜県にあるというが本当か」と尋ねられましたので、これまた用意したものを示しながら、次のように説明しました。

延喜５年（905）勅撰された『古今集』所収の賀歌に詠みこまれている「さざれ石の巌となりて……」という表現は、たくさんの小石が石灰質分でコンクリート状に凝結して巨岩となる長年月の天然現象をさすともみられる。岐阜県揖斐郡春日村の粕川上流には大きな石灰質角礫岩（天然記念物）がある。

さざれ石が巌となるというようなことがあるのかと疑問視する向きがあります。しかし、これは『古今和歌集』などの注釈書を見ましても、いろいろな伝説に基づくものだと言われております。

その一つは、中国の古い説話集に、小さな石を拾ってきて、それを仏殿に置いていたら、長い間にそれが大きな岩になったという話があります。そういうものが日本に伝わって、これが「君が代」の歌に取り入れられたのだろうという説でございます。

それからもう一つは、ただ今ご指摘のように、岐阜県の春日村という伊吹山のふもとですけれども、そこに「さざれ石」と称する大きな岩がございます。それは岐阜県の天然記念物になっております。今日はそんな話も出るかもしれないと思いまして、ここへ持ってきたのですが、これはそのごく一部の破片であります。さざれ石というのは細石、つまり小石のことですけれども、その小石が積もり積もって大きな岩になる、ということは現にあるわけです。これは伊吹山から流れ出る石灰質の作用により、長い間にたくさんの小石がコンクリート状に固まりまして、畳三畳敷きくらいの大きな岩（石灰質角礫岩）になっているのです。

つまり物は、大きなものがだんだん壊れて小さくなるということもあれば、反対に、小さなものが寄り集まって固まり、大きなものになるということもある。これは何百年、何千年という時間の流れの中で生じたことでありましょう。しかし、あるいはそういうことが古くから知られておって、それがこの歌に詠み込まれたのではないかというふうにも思われます。

地元では、「君が代」に詠まれている「さざれ石」は春日村のものだと言われて、これを大いにＰＲしておられます。もっとも、よく探せば、これは恐らく各地にもある「石灰質角礫岩」の一例でありましょう。それを目にした人が、長い年月の一つの象徴として賀歌に使われたのであろう、と私は思っております。

さらに三つ目の質問は、「君が代」の曲についてどう思うかと尋ねられましたので、次のように説明しました。

もともと「君が代」曲は儀式に使う、つまり外交儀礼あるいは国内の公式儀礼に使う歌として作られました。とりわけ、その原譜を作曲したのは宮内省一等伶人の林広守、あるいはそのご令息など雅楽の達人でありますから、荘重な調べになっております。したがって、これは確かに儀式の歌曲としてふさわしく、今後とも公式にはこれを用いなければなりませんが、それ以外の時と所によっては、いろいろなバリエーションがあってもいいだろうと思います。

たとえば、私は小学校時代から運動会などでなじみがあるのですが、「君が代行進曲」というのがあります。念のため、きょう録音テープを持ってまいりましたが、この前半にテンポを早めた軽快な「君が代」が入っております。こういうふうな編曲は、すでに明治三十年代に、吉本光蔵という海軍の軍楽隊長が工夫して作られたものであります。

今回、「国旗・国歌法案」が成立しまして、法文の別記に示されているようなメロディー（旋律）が基準になることは当然でありますけれども、それだけではなくて、その場所なり必要に応じていろいろな編曲が行われ、それにふさわしい使われ方をしていくことも望ましい。そういう意味で、この「君が代行進曲」などは、いろいろな催しにマーチとして活用されてしかるべきかと思っております。

このように何の打ち合わせもできなかった初対面の南野議員から、念のために準備した資料によって応答できる具体的な質問を三つとも受けたことは、本当に不思議なほどです。ともあれ私としましては、「日の丸・君が代」について十年ほど前から私なりに調査研究してきたことを、今回このような形で活用する機会を与えられたことに心から感謝しています。

その後、参議院では、八月九日の午前、特別委員会において中央公聴会と最終討議が行われました。私はその前日から東京におりましたので、後々のために現場を確かめておきたいと思い、朝早く傍聴に参りましたが、国会議事堂の前に日教組（社民党系）と全教組（共産党系）の旗を立てた二百人ほどの人々が座りこんでいるのを見て、世の中もずいぶん変わったなと思いました。いわゆる六〇年安保騒動や七〇年学園紛争の頃なら、この何十倍もの実力行使が行われたにちがいありません。

この委員会では、小渕首相と野中官房長官も特別に出席して最終討論が行われた後、まず民主党の江田五月委員から出された修正案（国歌を外して国旗のみを法制化する案）が、共産・社民の両党にすら同意を得られず否決されました。その後、原法案が自民・公明・自由の三党と参議院の会の賛成多数により可決されました。そして、午後の参議院本会議では、記名投票の結果、賛成一六六票、反対七一票（約七〇％強対三〇％弱）という圧倒的多数により、成立をみるに至ったのであります。

振り返れば、法制化の検討開始から五か月余、法案の上程から二か月弱を要しました。それは、政府与党の関係者から野党に協力を呼びかけ、全政党が参加して審議を尽くし、中央でも地方でも各界の多様な意見を聴き、まさに民主的な手続きを踏んで、十分に時間をかけたからです。

とはいえ、昭和四十一年成立の「祝日法」改正（「建国記念の日」等の制定）や同五十四年成立の「元号法」制定に比べれば、極めて早くスムーズに成立したといってよいと思います。しかも、こういう国旗・国歌のような国家と皇室の基本認識にかかわる法律が、衆議院でも参議院でも国会議員の三分の二以上（七、八割）という大多数の賛成を得て成立したこと、また各種の世論調査を見ても、ほぼ同様に大多数の国民が法制化を支持したという事実は、このような根本問題について〝国民的コンセンサス〟が今なお健在なことをあらためて再確認したことにもなり、その意義は極めて大きいと思われます。

七　「教育基本法」と「児童の権利条約」

「国旗・国歌法」は、こうして遂に成立しました（施行は平成十一年八月十三日から）。念のために申し添えれば、現行憲法下の法律は、衆参両院で法案が可決されたら、憲法第七条の一に基づき、天皇陛下が「国事に関する行為」の一つとして、内閣から届けられる文書に御名《ぎょめい》を自署され、侍従に公印の御璽《ぎょじ》を捺さしめられる「公布」の手続きをなさることにより、初めて正式に成立するのです。このような公布手続きは、国会で相対的な賛成多数によって可決される法案を、賛成派だけでなく反対派も含むすべての国民が遵守するような法律とするため、日本国および国民統合の象徴である天皇陛下が、国家・国民の代表として法的権威を付与されることに意味がある、重要な御公務なのだと思います。

こうして正式に制定された法律を尊重するのは、法治国民なら当然の常識でありましょう。従来、「日の丸・君が代」に反対の人々は、明文上の法的根拠がないことを口実として、国旗掲揚・国歌斉唱を阻止しようとしてきたのですが、今後そんなことはできないはずです。政府（野中官房長官）も、審議過程で「法律が成立したら、そういう人々には考えを変えてもらわねばならない」と発言しています（八月二日特別委員会）。

しかし、教育界の一部には、「日の丸・君が代」も含めて、およそ国家的なものを学校教育で扱うこと自体、〝不当な強制〟のように勘違いしている向きが少なくありません。そこで、あらためて学校教育とは何なのかということを考え直してみますと、現在、その原則は「日本国憲法」のもとにある「教育基本法」に求めなければなりません。ただし、これも憲法と同様、被占領下の昭和二十二年三月に制定されたものですから、その成立事情も踏まえて理解する必要があります。

この基本法は、まず前文で「われらは、個人の尊厳を重んじ……普遍的にして、しかも個性ゆたかな文化の創造をめざす教育を普及徹底しなければならない」とうたっています。実は、日本側（教育刷新委員会）の作成した「教育基本法案要綱案」によれば、「われらは……人間性を尊重し……普遍的にして、しかも個性ゆたかな伝統を尊重して……」とあります。それがＧＨＱの強い意向によって、今のように改めさせられたわけです。つまり、日本側の案では、西洋的な「個人の尊厳」よりも「人間性を尊重」すること、また、抽象的に「個性ゆたかな文化の創造」をいうのではなく、より具体的に「個性ゆたかな伝統を尊重」すること、この二点を盛り込むことが本意でありました。したがって、独立後の日本人としては、それを考慮に入れて前文を解釈することが望ましいと思います。

　そもそも「教育基本法」自体、決して単なる個人（集団から孤立した存在）を前提としているわけではありません。何となれば、その第一条（教育の目的）を見ても「教育は、人格の完成をめざし、平和的な国家および社会の形成者として……個人の価値をたっとび、勤労と責任を重んじる、……心身ともに健康な国民の育成を期して行われなければならない」とありますように、まさしく「国家および社会の形成者」である「国民の育成」こそが教育の目的に掲げられています。

それゆえに、「すべて国民（子供）は、ひとしく、その能力に応ずる教育を受ける機会を与えられ」（第三条）、また「国民（親等）は、その保護する子女に九年の普通教育を受けさせる義務を負う」（第四条）のであり、さらにその教育を行う「法律に定める学校は、公の性格をもつ」（第六条）と明記されています。つまり、学校の教育は、私的な学習塾やビジネス・スクールなどと異なり、「国民の育成」を目的として、親等が子供たちのために必ず受けさせなければならないもので、「公の性格」を有する学校において営まれる〝公教育〟にほかなりません。

ところが、身勝手な個人主義（自己の権利を絶対視するような利己主義）ばかり強調する一部の人々は、憲法の第三章に列挙される「基本的人権」をふりかざし、基本法にいう「国家および社会の形成者」である「国民の育成」に対して、全然関心がないか、または意図的に否定的な言動を繰り返しています。

しかも最近は、平成六年（一九九四）に日本も批准した国際的な「児童の権利に関する条約」を、都合のよい部分だけを持ち出して、児童（十八歳未満）であっても、意見の表明（一二条）、表現の自由（一三条）、思想・良心・宗教の自由（一四条）、結社・集会の自由（一五条）、プライバシー等の保護（一六条）などの権利を認める条項があるのだから、学校（校長）が儀式などの際に国旗掲揚・国歌斉唱を行うことは、児童への〝強制〟になる恐れがあるというような理屈をつけて、反対論を唱える人があるようです。

しかし、これは「児童の権利条約」を勝手に乱用するものといわざるをえません。実は名古屋地方公聴会において、公明党の山本保委員が、この条約の第二九条（児童教育の目的）を取り上げてくれました。その第一項Cに「児童の父母に対する尊敬（リスペクト）、児童自身の文化的同一性（カルチュラル・アイデンティティー）、言語および価値観、児童の居住国および出身国の国民的価値観（ナショナル・バリュー）、並びに自己の文明と異なる文明に対する尊重の心を育成すること」などが規定されています。そこで、「国民的な価値観に対する教育というものは国際的にも必要であると思うが、どう考えるか」と尋ねられましたので、私は次のように答えました。

それぞれの国には、それぞれの歴史・文化があり特徴がある。それをどの国においても非常に大事にしておられる。そういうふうな実情を踏まえて「児童の権利条約」もできていると思います。

およそ物事には、普遍的でどこにも同じように適用されるものと、その国その地域で特に尊重される個性的なものとの両方があると思います。その両方を可能な限り培うことが教育というものであって、我々はもちろん、世界に通用するような考え方、普遍的な価値観を養うと同時に、他方、ちょうど日本では日本語を使うように、この日本の風土で培われてきた個性的なものをきちんと身につけてこそ、初めて日本人としての常識も信念もできる。そういう特性があるからこそ、諸外国の人々に交わるときでも、それぞれの国の人々に特性があるように、我々にも日本人らしい特徴があるという自信をもって、相互理解を深められることになるのだろうと思います。

そういう意味で、ご指摘のとおり、この条約も、そういうことを、いわば世界的な常識としてうたっており、それが我々の日本においても教育目標とされ、それに基づいて教育が行われるということは、極めて重要なことだと思っております。

ちなみに、波多野里望博士（学習院大学教授）がまとめられた『逐条解説　児童の権利条約』（平成六年、有斐閣刊）によれば、「日本で生まれ育った日本人児童にとっては、日本が〝居住国〟であると同時に〝出身国〟でもある。したがって、それらの児童に対して、国旗掲揚・国歌斉唱の指導を行うことは、（第二九条）第一項（C）に定められた『文化的同一性および国民的価値観に対する尊重を育成すること』にあたると解される。……第一項（C）の『自己の文明と異なる文明に対する尊重を育成すること』の一環として、外国の国旗や国歌に対する尊重心を育成することが望まれる」と的確に明言しています。

また、同博士は第一四条（思想・良心・宗教の自由）に関する解説の中で、「国旗に対しては敬意を払うものだということを学校で教え、かつ機会をみて子供にも実践させることは、おそらくどこの国でもおこなっているところであろうし、本条に対する違反のおそれはない」「入学式や卒業式などにおいて国旗を掲揚すること、その際、国旗に敬意を払うために、起立すべきことを学校側が指導する（学習指導要領）のは当然であり、起立しない子供に対しては、さらに個別的に説得を試みることも差し支えない。……子供が、国旗掲揚という学校行事そのものを妨害するような行動に出た場合は、学校がそれに見合った処分をすることも許されよう」と述べ、さらに「学校における〝国歌斉唱〟についても、一般的には〝国旗〟の場合とほぼ同じことがいえる」「〝君が代〟を学校で斉唱させることが本条違反に該当するとは考えられない」とも論じておられます。

これは、「国連差別防止・少数者保護小委員会委員」などを務めている日本の代表的な国際法学者の公表された見解として、十分に傾聴すべきものと思われます。

八 「学習指導要領」と社会科教科書

それでは、文部省の「学習指導要領」には、国旗・国歌の扱いがどのように定められているのか、あらためて確かめておきましょう。この要領は、戦後ほぼ十年ごとに少しずつ改訂され、現に行われているのは平成元年三月に告示（次年度から段階的に実施）されたものですが、すでに平成十年度（小・中学校は十二月、高校は十一年三月）に新しく改訂されたものが出ています。しかし、いま問題とする部分は、ほとんど変わっていませんし、また教科書は現行の要領に基づいて作られていますので、従来のものから引用します。

すなわち、「小学校学習指導要領」を見ると、社会科の「目標」は「社会生活についての理解を図り、我が国の国土と歴史に対する理解と愛情を育て、国際社会に生きる民主的・平和的な国家・社会の形成者として必要な公民的資質の基礎を養う」とあります（中学校社会科の目標も同趣）。そして具体的には、まず第四学年の地域・国土の学習にあたり、「我が国や諸外国には国旗があることを理解させるとともに、それを尊重する態度を育てるよう配慮する必要がある」と定めています。この点が、新しい「学習指導要領」では、第三学年から第五学年まで広げられ、取り扱いの強化が図られています。

ついで、第六学年の歴史・政治の学習にあたり、「我が国の国旗と国歌の意義を理解させ、これを尊重する態度を育てるとともに、諸外国の国旗と国歌も同様に尊重する態度を育てるよう配慮すること」と定めています。しかも、「学習指導要領」を解説した文部省著作の『小学校指導書　社会編』は、「次のような事柄について理解させる必要がある」として、

①国旗および国歌は、いずれの国ももっていること。
②国旗および国歌は、いずれの国でも、その国の象徴として大切にされており、互いに尊重し合うことが必要であること。
③我が国の国旗および国歌は、長年の慣行により、「日の丸」が国旗であり「君が代」が国歌であることが、広く国民の認識として定着していること。

という三点をあげています。それのみならず、③の「君が代」に関して「我が国の国歌の意義の指導にあたっては、憲法に定められた天皇の地位についての指導との関連を図りながら、国歌〝君が代〟は、我が国が繁栄するようにとの願いをこめた歌であることを理解させるよう配慮する必要がある」「象徴としての天皇と国民との関係を取りあげ……歴史学習との関連に配慮し、天皇が国民に敬愛されてきたことを理解させるようにする」と説明しています。

なお、中学校社会科の「公民的分野」においては、現行の「要領」も今後の「要領」も同文で変わりませんが、「国旗および国歌の意義、並びにそれらを相互に尊重することが国際的儀礼であることを理解させ、それらを尊重する態度を育てるよう配慮すること」と定められています。

さらに、社会科以外では、音楽科において小学校の各学年で「発達段階に即して指導すること」になっています。そして、最も大きな扱いになるのが、小・中・高校を通じて適用される「特別活動」の中の「学校行事」（儀式的行事・学芸的行事・体育的行事など）における次のような規定であります。

入学式や卒業式などにおいては、その意義を踏まえ、国旗を掲揚するとともに、国歌を斉唱するよう指導するものとする。

この点は、すでに触れたとおり、それまでの消極的な任意規定を、より積極的な必修規定に改めた最大のポイントにほかなりません。

従来「日の丸・君が代」に反対する人々は、この規定を含めて「学習指導要領」そのものに「法規としての性格」も「法的拘束力」もないと主張し続けています。しかし、それは裁判においても、昭和五十一年の最高裁大法廷判決以来、すでにその法規性も拘束力も認められていることなのです。

したがって、たとえば平成三年春に、大阪府立東淀川高校の卒業式と入学式で、男性の教諭と女性の助手が「日の丸」掲揚を妨害したとして訓告処分を受け、それを違法として訴えた事件の場合も、平成八年二月の大阪地方裁判所の判決をみますと、「学習指導要領は、法規としての効力をもつものであり……（特別活動の）国旗掲揚条項自体は、法令に適合した必要かつ合理的な基準を定めたもので、学習指導要領として法的効力のあるもので……右国旗掲揚条項に従って、「国旗」すなわち「日の丸」を掲揚しようとした東淀川高校長の行為は、適法な職務行為と認めるほかなく、原告らが……これを妨害する行動に出ることまでを許されるとする根拠はない」と判示しています。

このように「学習指導要領」の法的規範性は確定されており、また、このたび明確な「国旗・国歌法」が制定されました。けれども、それだけで入学式や卒業式などの国旗掲揚・国歌斉唱が十分に行われるようになるわけではありません。やはり「学習指導要領」に則った教科書が作られ、それを使った良識的な教育が教室で行われるようになり、それによって児童・生徒たちが、内外の国旗・国歌のもつ意味を可能な限り理解できるようにすることこそ、儀式の前提として不可欠だと思われます。

そこで、平成十一年六月に文部省検定済となり、十二年春から使われる新しい小学校の社会科教科書を調べてみました。たとえば、関西地方において採択の多い某社本の場合、六年の下巻において、他社と同じく一頁を使い、「国連本部にならぶ国々の旗を見て」というタイトルと写真（オリンピックの表彰式の写真も併出）を上に掲げ、その下に、三人の子供が会話する形をとって、次のような説明をしています。

(1)　国連加盟国は、すべて「自分の国を象徴する旗を立てている」

(2)　国旗や国歌は「その国の文化や歴史を表し、独立国のしるしとしてあつかわれている」から「たいせつにする必要がある」「たがいを……尊重し合うことがだいじだ」
(3)　オリンピックで日本選手が優勝すると、「日の丸があがり、君が代が流される」
(4)　「日の丸」は「一五〇年ほど前に、薩摩藩の船が使いはじめて、幕府も日本の船のしるしとして定めた」が「やがて国の旗としてもあつかわれるようになってきた」
(5)　「戦争のときにも、日の丸がたくさん使われた」ので、「戦争の被害を受けたアジアの人々の気持ちも、たいせつにしないといけない」
(6)　国旗・国歌は「国のまとまりや交流に役立つ」ので、「これからも平和のシンボルとして使われてほしい」

これを同年六月二十四日に、文部省の「検定実例」としてマスコミに公表された同社の申請図書（原稿本）と対比してみます。まず(2)の後半などは、検定意見により付け加えられたもので、少しは良くなっています。しかし、(4)の前半は明らかに誤記です。何となれば、薩摩藩主の島津斉彬は、嘉永六年（一八五三）十一月、幕府に大船建造を願い出た際「白帆に朱の丸の御印」を掲げる案を提示していますが、長らく「朱の丸」を官船の御印に使ってきた幕府は半年余りも同意しなかったのですから、それを勝手に「薩摩の船が使いはじめ」るようなことはありえません。

さらに、間違いとはいえませんが、「学習指導要領」に照らして不備だと思われるのは、「君が代」の歌詞・楽曲および賀歌・国歌としての成り立ちなど、内容にわたる説明が全く一行もないことです。その反面「日の丸」について(5)のような戦争との関係が八行も書かれているのは、いかがなものでしょうか。

しかし、この点は他社本もほとんど同じです。中学社会・公民の教科書を見ても、たとえば全国的に採択率の高い某社本の場合、本文に「主権国家の国旗や国歌は、各国の国民統合の象徴である。それらは、国民の歴史や理想に結びつくものであり、国どうしが協力し合っていくためにも、たがいに国旗・国歌を大切にしていかなければならない」と抽象的な原則を書いているだけで、具体的なことには何も触れていません。ところが、その『教師用指導書』では、「研究資料」の一つに「〝日の丸・君が代〟の記憶」と題して、①「(沖縄)海邦国体」と「日の丸焼き捨て事件」、②ベルリンの「日の丸」とバルセロナの「太極旗」、③(植民地)同化政策と「日の丸・君が代」という三項目を設け、繰り返し

「日の丸・君が代」のマイナス・イメージばかり強調してあります。これでは、とても国旗・国歌を「尊重する態度」など育つはずがないと言わざるをえません。

九　世界主要国の国旗・国歌教育

それでは、今後、国旗・国歌に関する教育はどのように進めていったらよいのでしょうか。私は、法案が衆議院内閣委員会で可決された直後、時事通信社から取材を受けて、次のように答えたことがあります（『京都新聞』平成十一年七月二十二日朝刊など所載）。

日の丸・君が代は、慣習法的に国旗・国歌として定着しているが、学校でほとんど教えられていないのが実情だ。日本の伝統と国家のシンボルとして、若い人々に伝える必要がある。公教育で日本国民としての自覚を養成するのは当然で、入学式や卒業式に限らず、社会科や国語科の授業でも教えるべきだ。そのためにも、法律で明確化することは重要だ。君が代についての政府見解は、これまでの見解の延長線上で問題ない。自国の歴史・文化に自信をもち、日本人であることを自覚して、初めて国際的にも通用する。法制化は開かれた日本への第一歩だ。

この国旗・国歌教育を進めるには、外国で行われている実例も参考になります。これについては、名古屋地方公聴会で社民党の山本正和委員が、率直に「日の丸・君が代」を国旗・国歌と認め、これからの国旗・国歌の扱い方について尋ねられましたので、手元に用意してあった資料を示しながら、次のように答えました。

私は今年（平成十一年）五月の初めにアメリカへ参りました際、首都ワシントンの国立公文書館で、このような『オール・アバウト・アメリカ』という絵本を手に入れました。これは国立の公的機関が出しているものですが、こういう形で、アメリカ合衆国のシンボルとして国旗および国歌などを、小学校へ入る前から子供たちに教えるような教材がちゃんと用意されています。アメリカは、まさに多民族・多人種の集まった国ですから、こういうもの（国旗・国歌）をいつも必要としている。そういう意味では、特別かもしれません。しかし、近代に入って革命とか独立により建国したところでは、まさにそれを出発点として、こういう国旗・国歌を大切にしている。これが一つの在り方であります。

しかし、世界は決して一様ではありません。ほかの在り方もある。たとえば、イギリスであれオランダであれ、キリスト教を奉ずる立憲君主国として、それぞれの特徴を歌の中に詠み込み、あるいは旗に表しているケースもあるわけであります。そういう意味で、私はアメリカやヨーロッパのありようも参考になりますが、日本にはまた日本らしい在り方があってよいと思います。

ちなみに、もう一つあげておきますと、これは韓国の教科書です。韓国は国定ですけれども、小学校一年生が使う『正しい生活』という教科書を見ますと、これ（国旗・国歌）をどのようにきちんと掲げ、また歌うかということが非常に明確にしてあります。

そういう意味で私は、やはりそれぞれの国が、それぞれの歴史なり文化を担って、そのシンボルとして旗や歌を定めているわけですから、それを十分考えながら、日本は日本らしくやっていく必要があると存じます。

これを少し補足しますと、まずアメリカの場合、連邦法＝「合衆国法典」（U. S. A. Code）の中に、国旗・国歌などに関する詳しい規定があります。それを見ますと、たとえば、第一七一条に「国旗が掲揚されていて、国歌が演奏されるとき……その場にいるすべての者は、国旗に向かって起立し、右手を胸に添えつつ、直立不動の姿勢を保ち続けなければならない。……」とか、ついで第一七二条に「国旗に対する忠誠の宣誓を行うときは……(同上の姿勢で)……次のとおり述べなくてはならない。——私は、アメリカ合衆国の星条旗に対し、並びにこの国旗の象徴する共和国、すなわち万人に対する自由と正義が存し、神の下にある不可分にして唯一の国家に対し、忠誠を誓います。……」と、具体的にPledge of Allegiance to the Flag(国旗に対する忠誠の宣誓)の仕方を示しています。

さらに、第一七四条を見ますと、(d)「国旗は、すべての日に掲揚されるべきであり、特に次の日(十七のナショナル・ホリデーおよび各州の合衆国加入日と各州の休日など)には掲揚されなくてはならない」とか、(g)「国旗は、授業の行われる日(休日以外)には、すべての学校の校舎または隣接地に掲揚されなければならない」などとあります。

しかも、このような事柄を小学校へ入る前の子供たちに覚えさせるために作られているのが、ワシントンDCにあるナショナル・アーカイヴ(国立公文書館)編刊の『All about America』(アメリカのすべて)と題するカラーの塗絵本です。その初めの頁には、紳士と少女と作りかけの旗を描き、「ジョージ・ワシントンはベッティ・ローズに、わが国の第一の旗（国旗）を縫うよう頼んだ。彼女のデザインは、最初の独立十三州を表すために、七本の赤い線と六本の白い線をつける矩形《くけい》であった。そのうえ左端には十三の星印を円形につける小さな青地の角形もあった」というような、二百二十年ほど前の国旗創作物語を載せています。また、次の一頁には、現在の五十州を表す星条旗（色を塗るように指示）を描き、「我々の旗は〝星条旗〟とか〝古い栄光の旗〟とか国歌のように〝星のきらめく旗〟とか呼ばれている。国旗記念日は六月十四日である」と解説しています。

さらに、次の一頁には、国歌の歌詞全文を掲げ、「F・S・キイは、一八一二年の対英戦争に従軍中、この〝星のきらめく旗〟を書いた」と説明し、また次の一頁には「我々はアメリカを愛するので、国旗への忠誠の宣誓を繰り返す」ための、忠誠を誓う姿を描き、その誓いの言葉（前出）を載せています。

このような絵本は、たくさん出版されているようです。私が国立公文書館を見学したときも、売店で子供づれの親御さんたちが次々と買い求めていました。A4判でわずか二〇頁足らずの本（一ドル）に、国旗・国歌だけでなく、全米のナショナル・ホリデーも一頁ずつ絵入りで解説してあり、末尾に親御さんへの注意書きまで付しています。他にも中学・高校クラス向けと思われる本（ティーチング・ラーニング社刊の“History Speaks……The Star-Spangled Banner”Ａ５判・三六頁、六ドル）など、いずれも上手に作ってあります。

これらを見ますと、アメリカの子供たちは、小学校へ入る前から家庭で「合衆国の形成者」として不可欠な国旗・国歌や国定祝日などの基礎知識を身につけることができるようです。それから公立の小・中・高校を通じて毎朝、教室で「国旗に対する忠誠の宣誓」を行い、さらに歴史・公民などの授業を通じて、その由来や意味を深く広く学ぶ機会が多く与えられています。

次に、ヨーロッパのフランスでは、国旗も国歌もフランス革命に由来し、それを共和国憲法の第一章に明記しています。ただ、「ラ・マルセイエーズ」の歌詞は、極めて戦闘的なため、一九八九年の革命二百年を前にして何とか修訂しようという声も出て、現代音楽家のＭ・アブ氏が、歌詞の末尾「……マルション（進め）仇なす敵を我らの畑に屠《ほふ》らん」を、せめて「……シャントン（歌え）歌がすべての砲声を沈黙させるまで」と改め、また軍歌調のテンポも少し緩めた「新ラ・マルセイエーズ」を作り、大統領に提出したほどです。しかし、一九九二年の世論調査では、半数近い人々が「歌詞は好戦的すぎる」と感じながらも、やはり「歌詞を変えるべきでない」との答えが七五％を占めました。作家のＭ・マルニュ氏も「国歌は古い家具と同じで、年月を経るほど価値が出てくる」とコメントしたと伝えられています（『読売新聞』平成四年三月十四日夕刊）。

フランスでは、文部省が一九八五年の教育改革で初等・中等学校に「公民教育」を復活しました。その「学習指導要領」（石堂常世氏ほか『フランスの道徳・公民教育資料集』所収）を見ますと、「ナショナル・アイデンティティーに徐々に目覚めさせるため、公民教育では、準備級（小学校一年次）の段階から、共和国のシンボルを知らしめ認識させることを基本とする。……シンボルの教育は、小学校の初級科（二・三年次）から中級科（四・五年次）にかけて、歴史・地理やその他が提供する様々の機会を活用するごとに繰り返され、意味も掘り下げられていく」として、国旗も国歌もだいたい四年生頃までに教えられるべきものとされています。

ついで、ドイツの場合は、一九九〇年、西ドイツが東ドイツを吸収して統一されました。そのドイツ連邦共和国基本法に「連邦旗は黒・赤・金色（横三色旗）とする」と明記されています。また一九九一年の大統領書簡により、ホフマン作詞・ハイドン作曲の「ドイツ人の歌」の第三節「祖国のために……皆で励もう。団結と権利と自由な幸せの証《あかし》だ。栄えよドイツ、父なる国よ」を「ドイツ民族のための国歌」と確定しています。

このドイツ連邦旗は、すでに百年以上前からワイマール共和国憲法で国旗と定められていました。ただ一九三五年以降、ナチ党のハーケンクロイツ旗が国旗とされていたので、戦後はそれをやめ、もとの旗が西ドイツで復活されたのです。また国歌も、本来は約百五十年前に小国分立から統一国家へ向けて、「大いなるドイツ……」（一番）を歌ったものです。それがヒットラーにより「世界に冠たるドイツ……」の意味に拡大乱用されたので、戦後、ホイス大統領がその一番と二番をやめ、三番だけを歌うことに決めたのです。つまり、ドイツの国旗も国歌も、戦時中数年間の異常事態を除き、本来的な統一ドイツのシンボルとして復活したのですから、決して一部の人々が言うような、新たに作ったものではありません。この点は、イタリアの場合も、ほぼ同様です。

一方、アジアのうち中国では、一九四九年、「中華人民共和国の国都・紀年・国歌・国旗に関する決議」で、「紅地五光旗」を国旗、また「義勇軍行進曲」を国歌と定めました。

その後、国旗は憲法に規定され、また一九八二年に国歌も国会（全国人民代表大会）で決定され、さらに一九九〇年、詳細な「国旗法」が制定されています。この「国旗法」の施行通知を見ますと、初等・中等学校では、

(1)　国旗掲揚の儀式を毎週月曜日の朝に行う。重要な祝日・記念日にも儀式を行う。

(2)　その儀式には、全校の教員と生徒が参列し、掲揚台に向かい直立し敬意を表す。

(3)　その儀式次第は、①国旗の準備、②国旗の掲揚（国歌を吹奏）、③国歌の斉唱、および④国旗の下で校長らの講話を行う。

などとありまして、厳格に守られているようです。しかも、一九九四年の「愛国主義実施要綱」では、国旗・国歌などについて「敬う気持ちを育てることに役立つような礼儀を提唱」し、特に「学校では、入学式・卒業式・運動会などの大きな行事の際、盛大な国旗掲揚式を厳かに行う」ことや、「成年の公民、および小学三年以上の生徒は、国歌を歌うことができ、かつ国歌の内容および国旗・国章の意味を理解できるようにする」ことなどを定めています（文部省調査統計企画課編『主要国の教育動向』参照）。

また、お隣の韓国では、李氏朝鮮の末期に国旗と定められていた「太極旗」が、建国の

翌年（一九四九）文教部から「国旗製作法」により告示されています。また国歌は、従来の「愛国歌」（聳《そび》ゆる白頭山。四番まである。一九三九年作）が、建国以来「国歌に代わるもの」とされています。

韓国においては、国旗・愛国歌の教育が徹底的に行われていることを、隣国の私どもも心得ておく必要があると思います。国民学校（小学校）の国定教科書を見ましても、すでに一学年用の『正しい生活』（オールカラー）は、冒頭の頁に「太極旗」と「愛国歌」を載せています。しかも、「うれしい挨拶」から始まる十項目の最後に「国を愛する」という一項目を設け、それを八頁にわたって写真とイラストで図解しながら、

(1) 太極旗は私たちの国旗です。国旗を大切にすることは国を愛するのと同じことです。
(2) 国旗を掲げなければならない日があります。その日はその意味を考えてすごします。
(3) 国旗に対する敬礼は、まっすぐに立って左側の胸に右手を置き、国旗に注目します。
(4) 国旗は（きちんとたたんで）国旗箱にていねいに保管します。
(5) 愛国歌は私たちの国を表す歌です。正しい姿勢で立って歌います。
(6) 太極旗・愛国歌・無窮花《むくげ》（国章）に対する私たちの心構えは、どのようなものか考

えましょう。

などの説明を加えています（日本学協会『日本』平成十一年五月号所載）。そして大統領令や文教部告示などにより、学校・官庁では、年間を通じて国旗を掲揚し、毎日一定時刻に国旗を愛国歌に合わせて昇降するとともに、入学式・卒業式などの公式行事では愛国歌を斉唱するものとされています。それは学校や官庁だけでなく、全国の映画館でも上映の前に太極旗が写し出され、愛国歌のメロディーが流れるので、観客は全員起立して敬意を表すことがごく自然に行われています（国立国会図書館文教課調査資料参照）。この点は、台湾やタイ王国などの場合も、ほぼ同様です。

以上、駈け足で世界のおもな国々における国旗・国歌の教育状況に触れました。私はまだヨーロッパを訪ねていませんが、アメリカ合衆国や中国・台湾・韓国などの学校を視察した限り、また海外事情に詳しい友人たちから聞いても、それぞれに国家的シンボルである国旗・国歌を極めて大切にしていることは確かです。さらに、いわゆる発展途上国、その大部分は戦後ようやく独立を遂げた国々ですが、それだけに国旗・国歌への思いは、いわゆる先進諸国より強いことも注意を要すると思います。

むすび――〝日本の国柄〟の再認識――

今や二百近い世界の国々の中でも、私どもの日本国は、勤勉な国民多数の努力や活発な国際貿易などのおかげで、少なくとも経済的には大きな存在となっています。この日本国が今後さらに堅実な繁栄を続け、政治的にも文化的にも分相応の国際貢献を果たして、諸外国から本当に信頼され敬愛されるようになることは、まさに二十一世紀の大きな課題でありましょう。

そうであればなおさらのこと、私どもは「教育基本法」のいう「国家および社会の形成者」である「国民の育成」、つまり〝公教育〟に一段と力を注がねばなりません。そして、この〝公教育〟で最も重んずべきものは、どの国においても大切にしている国旗・国歌であり、それを通じて自国の国柄（国家的特性）への自覚と自信を育成することではないかと思われます。

そこで最後に、私の考える〝日本の国柄〟について申し上げたいと思います。ここ数年来、アメリカ・ハーバード大学のサミュエル・ハンチントン教授が著した『文明の衝突』（当初の論文を大増補して単行本化。平成十年に全文の邦訳が集英社より刊行）が、いろいろ評判になっています。彼は現代の世界文明を、宗教心や民族性などから八つに分け、今後それら（特にキリスト教圏文明とイスラム教圏文明、米国文明と中国文明など）の競合による衝突の危険性などを大胆に予測しています。

その当否はさておき、注目に値するのは、世界八大文明の一つとして特に〝日本文明〟をあげており、それが中国と西洋から強い影響を受けながら、明らかに中国文明とも西洋文明とも異なる独自のユニークな文明だ、と指摘していることです。

では、この〝日本文明〟ないし〝日本の国柄〟には、どんな特徴があるのでしょうか。かつて国文学者の芳賀矢一博士は、『国民性十論』の中で、十項目の国民性を古典によって説明し、またアメリカの文化人類学者ルース・ベネディクト女史は『菊と刀』の中で、日本人に顕著な恩と恥の長所・短所を論じています。

そこで、あえて私見を述べれば、大多数の日本人は、千数百年以上にわたって、「日の丸」に象徴される太陽（自然）と「君が代」に象徴される天皇（皇室）とを仰ぎ尊びながら、謙虚に勤勉にまさしく〝大和〟（大いに和する）国家を形成し発展させてきたところにこそ、比類のない〝日本の国柄〟の特徴があるのではないかと考えております。

その意味でも、このたび「日の丸・君が代」の法制化が実現されたことはまことに重要な成果でありまして、その意義を若い人々に再認識させてゆく〝公教育〟の役割は、今後ますます重かつ大になると思われます。

ただ、私の考える〝公教育〟では、まず何よりも〝日本の国柄〟への認識育成を必要としますが、もちろんそれだけにとどまるものではありません。世界中、どの国民にも、その国柄への自覚と自信が多かれ少なかれあるはずですから、私ども日本人も、自国のそれを可能な限り身につけるならば、同様にどんな国の人々とも本当に理解しあう基礎ができるはずです。そして、それぞれの宗教・民族とか文化・文明に関心をもち、お互いの違いも認めることができるようになれば、さらに国境を越えて協力しあうことも容易になると思われます。

その際に重要なことは、人間（自分）の存在（役割）を、単に空間的な広がりだけでなく、むしろ時間的なつながりの中で考えることだろうと思います。ちなみに、平成元年秋の「文化の日」にスタートした有志の集い「京都フォーラム」では、現代の私どもに稀薄な〝公共性〟を各自の心に育てあげるため、内外の空間的な広がり（対話交流の拡大）に努めながら、それ自体を時間的な繋《つな》がり（伝統文化の世代継承）によって深め、将来世代に思いを馳せて「より公正な社会の育成」を目指しています。

私の念願している〝公教育〟も、一方で過去（祖先）から未来（子孫）へと繋がる世代間の伝統文化継承（時間的つながり）を縦軸としながら、他方で身近な家庭（家族）から地球大の世界（人類）へと広がる社会間の対話交流拡大（空間的広がり）を横軸として、将来にわたり世界において堂々と活躍できるような〝公共心〟を育成するために、まず自分が生まれ恩恵を蒙っている日本という国家（歴史的文化的な共通性の実感できる社会）の本質的な理解を可能にしようとするものにほかなりません。

このような〝公教育〟を進めるために、最も適切有効な教材として現に在るのが、内外の国旗であり国歌であると思います。そうであるならば、国旗・国歌に関する教育は、単に学校だけでなく、家庭においても社会（地域・職場など）においても、いろいろな機会に取り組んでいく必要があり、私も可能な限り努力したいと考えております。

〈追記〉

平成十一年八月に「国旗・国歌法」が成立して数年を経た現在、一般国民の国旗「日の丸」、国歌「君が代」に対する理解も親近感もずいぶん良くなったとみてよいであろう。しかし、その大きな要因は、日韓共催のサッカーワールドカップやアテネのオリンピック大会などの機会に盛り上がった、いわゆるスポーツ・ナショナリズムによるもので、必ずしも学校教育の成果とはいえない。

むしろ文部科学省の検定済の小中学校教科書をみても、国旗・国歌の歴史や意義を積極的に記述しているものが少ない。しかも、入学式や卒業式など重要な行事で、「学習指導要領」の規定どおりに「国旗を掲揚し国歌を斉唱する」ことさえ、否定的な動きが一部に根強いのは、まことに遺憾なことである。

今後ますます国際化が進む社会で不可欠なのは、自分の母国に誇りを持つとともに、交流する国々に敬意をはらう、真の国際常識にほかならない。それには、まず「日の丸・君が代」の由来や特色を知り、併せて関心ある国々の国旗・国歌についても学ぶことが、いちばん有効であり、きっと面白い発見ができるに違いない。そのような人々に本書を活用して頂けたらと念じている。

なお、平成十四年四月から十六年三月まで『産経新聞』西日本版夕刊に毎週連載されたエッセイ等を集成した拙著『あの道この径一〇〇話』（モラロジー研究所、平成十六年十二月刊）にも、関連した話題をいくつか取り上げている。また平成十六年四月から全三十三回の予定で月刊『れいろう』（モラロジー研究所）に連載中の拙稿「歴代天皇の理想」※も、「日の丸・君が代」の本義（世襲天皇を国家・国民統合の象徴と仰ぐ日本の国柄）を具体的に理解して頂く一助となれば幸いである。

（平成十七年三月十二日記）

※この連載は平成二十一年三月、『歴代天皇の実像』として同研究所より刊行された。

第三章　日本の伝統と学校教育

はじめに——戦後五十年——

皆さんも私も、ふだんは目前の課題解決に追われがちですが、時には広く日本全体にかかわる問題についても考えてみたいものです。いま私どもが当面する大きな問題は、戦後五十年の歩みを踏まえて、そこからどう脱け出すか、いわゆる戦後体制を見直して、これからどう前進するか、ということであろうかと思われます。

もちろん、半世紀にわたる戦後体制の中にも、長所として評価すべきものがあり、それはそれで伸ばしていけばよいと思います。しかし、出発当初からの短所もあれば欠点も少なくありません。それらを直視して、どのように克服していくかということに注意を向けなければ、到底この先の展望が開けないということは、すでに多くの方々が指摘されております。幸い戦後も五十年以上たちますと、このような状況をなんとか克服しなければいけないという考え方や動きがかなり出ているのです。

そこで、この機会に、日本国の象徴とされ、国民統合の象徴とされる天皇および皇室の問題を、学校教育とのかかわりから考えてみたいと思います。

いわゆる象徴天皇制度については、いろいろな理解の仕方があります。しかし、何といっても、日本国憲法の第一条に「天皇は日本国の象徴であり日本国民統合の象徴であって」と明記されているとおり、日本国の在り方や日本国民の在り方というものと不可分にかかわる重要な存在だ、という認識から出発しなければなりません。これはあたり前のことですが、そういう観点から申せば、天皇の問題、皇室の問題というものを、私ども日本人は避けて通ることができないはずであります。

我が日本国家のありよう、我々日本国民のありようというものを、どう考えたらよいのか。その最も重要な課題として、単に個人としての天皇、あるいは名家としての皇室ではなく、この天皇・皇室に象徴される日本国と日本国民のありようを考えるという観点から、象徴天皇に関する問題は、広く教育の場でも取り上げる必要があると思います。

では、象徴天皇とはいかなる存在であるか、また戦後教育の中でその象徴天皇をどのように取り上げてきたか、さらに、それを現在どのように扱うことが可能か、ということなどについて、以下、私見を述べさせていただきます。

一　新日本建設詔書の意義

戦後の日本を考える際、昭和二十年八月から二十七年四月までは、我が国がアメリカを中心とする連合国軍の占領下におかれていた、という現実をはっきり認識しておく必要があろうかと思います。それは要するに、戦勝国が戦敗国である日本を自分たちの都合のよいような政策により統治する期間であったわけです。しかし、それにもかかわらず、昭和二十年代前半、私どもの先輩たちは、非常に苦労し努力をして、我々に大事なものを伝えてくださった、という事実も忘れてはなりません。

その一つが五十年前の昭和二十一年（一九四六）元旦に公表された「新日本建設に関する詔書」です。これは俗に「天皇の人間宣言」と称されますが、この詔書をよく見ると、いろいろなことを考えさせられます。これについては、拙著『皇室の伝統と日本文化』（モラロジー研究所刊）の中で「新日本建設に関する詔書」の研究史と問題点を書いておきました。

この詔書は占領軍の要請と原案に基づいて出されたものです。ただ、それにもかかわらず、その際、日本側で幣原《しではら》内閣の前田多門文部大臣や木下道雄侍従次長が非常に苦心し努力されたことや、そして何よりも昭和天皇御自身が毅然と主張されたことが盛り込まれております。

その最たるものは、新日本の建設にあたって何が大事かといえば、明治天皇が明治の初めに国是として示された「五箇条の御誓文」を冒頭に全文そのまま掲げたうえで、これを振り返り、それに則っていけばよいと明言しておられることであります。

そこには「叡旨公明正大、又何ヲカ加ヘン。朕ハココニ誓ヒヲ新タニシ国運ヲ開カント欲ス。スベカラクコノ御趣旨ニ則リ……新日本ヲ建設スベシ」と記されていますように、「五箇条の御誓文」こそが戦後の新日本を建設する根本方針であり、これ以外に何も付け加えるものはない、ということを明確に述べておられるのです。しかもこの点は、まさに昭和天皇の御意思であったということが、関係者の記録により、また天皇御自身の御証言によって、今でははっきりしております。

この事実は、たいへん重要な意味をもっていると思います。普通私どもは、終戦を境にして戦後五十年というものを問題にします。しかし、そのスタートの段階で昭和天皇は、明治の初めに思いを致され、それ以来の歴史を受け継ぐことにより戦後を築こうとしておられたのです。

その中で天皇がおっしゃっておられる重要なことは、自分と国民との関係は「終始相互ノ信頼ト敬愛」とによってしっかりと結ばれており、「単ナル神話ト伝説トニ依リテ生ズルモノニ非ズ」とあります。これを軽率に考えて、だから神話も伝説も関係ないのだとみる人もありますが、そうではありません。神話や伝説にみえるような在り方が、具体的な千年、二千年の歴史に認められるごとく、天皇と国民はまさに一体であり、相互の信頼と敬愛によって築かれた関係が今日をあらしめているのだということを、いわば再確認しておられるに過ぎません。このように昭和二十一年元旦の詔書も、あらためて拝見しますと、いろいろと考えるべき点や取るべき点が多いと思うわけです。

このことに関連して、学習院大学教授の坂本多加雄という新進気鋭の政治学者が著された『象徴天皇制度と日本の来歴』（都市出版刊、平成八年度の読売論壇賞を受賞）は、たいへん参考になります。

坂本教授によれば、「象徴天皇制度」というのも、日本国憲法ができて急に象徴天皇が出現したのではなく、長い日本歴史上の皇室があって、戦後に至り「象徴」という書き方がされたにすぎない。したがって当然、あとからできた憲法が絶対的なものではなく、むしろ動かそうとしても動かせない前提は、日本の近代百年、もっといえば建国以来二千年の歴史だ、ということを強調しています。「日本の来歴」というのはまさにそういうことで、象徴天皇を考えるときも、日本の来歴、日本の歴史を踏まえなければならない、ということであります。

この内容については、部分的に異論もありますが、大筋において、よくぞ正論を主張されたものだと感心しています。戦後五十年もたちますと、学界の流れもだいぶ変わりつつありまして、このように若い優秀な学者が、今日の日本というものを、占領下の状況、あるいはその延長線上だけで考えるのではなくて、少なくとも明治以来の百年余りのスパンで考えるべきこと、さらにいえば建国以来二千年のベクトルで考えるべきことを、もうすでに堂々と主張し始めているのです。戦後占領体制の枠組だけに捉われているような議論は、もはや通用しなくなりつつあります。

二　「日本国憲法」の象徴天皇

次に「日本国憲法」です。この憲法も、たいへん難しい政治状況の被占領下に出来上がりました。その原案を作ったのはGHQであり、その直訳に近い草案をGHQの厳しい監視下で論議して、ようやく制定したものです。したがって、その成立事情や、その中身については、根本的に批判すべきことがあります。ただ、坂本教授も言われているように、少なくとも私どもは、現にある「日本国憲法」も、日本歴史の文脈の中で読み取るということを考えるならば、かなり大きな意味をもってくると思います。

現にこの憲法は、昭和二十一年十一月三日に、昭和天皇が公布されたものです。公布の「上諭」に「朕は日本国民の総意に基いて、新日本建設の礎が定まるに至ったことを深くよろこび……帝国憲法の改正を裁下」すると述べておられます。もちろん、内容は大きく変わっていますが、占領下といえども、「大日本帝国憲法」を改正するという形式をあえて踏まざるをえなかったという事実のもつ意味は極めて大きいと思います。

今の憲法は八月十五日革命によってできた、などという乱暴な説も最近まで罷り通っていましたが、五十年前の実情を振り返ってみると、占領軍といえども、当時の日本国民が大多数支持していた天皇の存在を否定するような憲法を押しつけることはできなかったのです。その原案はＧＨＱ民政局のスタッフにより、わずか一週間で作られたと言われていますが、やはり日本国民の意思、さらに日本古来の歴史というものを故意に無視することはできないからこそ、この憲法は「大日本帝国憲法」を改正するという形で公布せざるをえなかったのだろうと思われます。このことは現行憲法を、帝国憲法の延長線上で読むということを可能にします。それどころか、まさにそういうものだということを前提として考える必要があります。

しかも、現行憲法の第一章が「天皇」という章になっていることは、最も重要な点であろうと思います。この憲法について私どもと見解を異にする宮沢俊義という東京大学の憲法学者（故人）が、「憲法の第一章というものは、その国で最も大事なことを掲げ、述べるものであって、この憲法が第一章を〝天皇〟としているのは〝国民主権〟にふさわしくない」と論じています。しかし、逆に私どもの立場からいえば、現行憲法の第一章、まさにヘッドの部分が、「主権」とか「人民」とかいうことではなく、「天皇」という章になっているということの意味は、極めて重要だと思います。

その第一条には「天皇は、日本国の象徴であり、日本国民統合の象徴であって、この地位は主権の存する日本国民の総意に基く」とあります。これも、この文言だけを取り出して解釈されてきましたが、もうそのような論法は通用しません。この文言も、明治以来の、さらには建国以来の歴史を踏まえて読む必要があります。

つまり、「日本国民の総意」とは、決して昭和二十一年当時や今日の日本国民だけを指すわけではありません。まさに建国以来の、あるいは立憲制をとった明治以来の日本国民から、さらには将来の日本国民まで含めて考える必要があります。過去と現在と未来にわたる日本国民の総意において、天皇が日本国の象徴であり、そして日本国民統合の象徴にほかならないということを、ここに確定しているわけです。この憲法を作った当時、世論調査をしたり議会で多数決をとって決めたわけでもありません。まさに日本歴史の流れを踏まえ、また敗戦後も根強い大多数の国民の気持ちを汲み、さらに将来の子々孫々を見据えて「日本国民の総意」と言ったのだというふうに読むべきだろうと思います。

したがって、この象徴天皇の地位は、その時々の国民投票に問うたり、それで左右していくというようなものでは決してありません。そのことは第二条に「皇位は世襲のものであって、国会の議決した皇室典範の定めるところにより、これを継承する」と明記してあります。今の憲法下では、世襲ということが一般国民には認められず、唯一天皇にのみ「皇位は世襲」ということが明示されているのです、これは、その時々の状況や多数などで変えてはならない、と明言していることになります。

およそ憲法というものは、単なる希望の表明や任意の主張ではなく、国家・国民の規範であります。単にこうしたいとか、こうも考えられるというようなことではなく、こうあるべきである、こうでなければならないということを、明確に示しているのです。したがって、私どもは、過去・現在・未来にわたる「日本国民の総意」において、天皇を日本国の象徴と仰ぎ、また国民統合の象徴と仰いでいかなければならないということを、ここで明示していることになります。しかも、その天皇は、大和朝廷以来、二千有余年の家柄をもつ皇統に属する方々が世襲していかれるべきものであるということも、明らかな規範としているのだということを、再確認しておく必要があります。

このような理解に立って考えれば、世襲の天皇が君主でないはずはありません。国家の象徴であり国民統合の象徴である天皇は、君主の一典型だと思います。ところが、なぜか戦後の憲法学界やマスコミの論調では、象徴天皇は君主でもなければ元首でもないというような解釈が罷り通ってきました。

たとえば、私が文部省に勤めるようになった昭和五十年の十月、天皇・皇后両陛下が御訪米になられました。そのちょうどお帰りになる日に、NHKの著名なニュースキャスターが「今度のアメリカ御訪問により、日本の天皇は君主でもなければ元首でもない、まさしく象徴にほかならないということが、アメリカの人々に理解されたと思う」というような発言をしました。それを聞いて私は、直ちにNHKに電話をかけ、「象徴天皇についてキャスターがどんな考えをされようと自由だけれども、やはり公共放送のNHKたるものが、そういう意見だけを流すことは慎重にしてほしい」と申し入れたことがあります。しかし、釈然とするような回答がなかったので、その直後、ある新聞に「天皇は君主か否か」という題の評論を書きました。すると、当時まだ日教組など社会主義・共産主義を奉ずる人々が発言力をもっていましたので、『日教組新聞』や『赤旗』等でさんざん叩かれました。

私の評論は、「憲法自体に、天皇の地位は世襲であり、また国民統合の象徴であるということが書かれているのだから、君主とみなすことができるし、また元首といえないわけでもない」というようなことを書いたにすぎませんが、それでも当時は、「憲法違反」だとか「教科書調査官として逸脱した発言だ」というような非難を浴びたのです。

三　経済学者の「憲法改正論」

ところが、それから二十年以上たった今日では、世の中もずいぶん変わりました。たとえば、京都大学教授の吉田和男という若い優秀な経済学者の『憲法改正論』（ＰＨＰ研究所刊）という本があります。これには「二十一世紀の繁栄のために」というサブタイトルがついています。著者によれば、「外国の憲法をみると、五十年も見直しをしないような憲法はほとんどない。どんな憲法であれ、長所は残しながら、短所を直していくような努力をしないのは国民の怠慢だ」というのです。そして経済学者らしく、国際的な視野から、日本がここまで成長できたのはなぜなのか、また、果たしてこれからも繁栄を持続できるのかということを考えると、こんな憲法を後生大事にもっているようでは、新しい二十一世紀の世界に生き残れないのではないか、というような危機感が背景にあり、現行憲法の全条文に根本的な検討を加えています。

吉田教授は、姓が一緒だからというわけでもありませんが、本当に「平成の吉田松陰」かと思うほど、若い人々の教育に力を注いでいます。特に「二十一世紀日本フォーラム」という有志の会を作って、若い学者たちに呼びかけ、多彩な研修をしているだけでなく、自分の家の近くに「松下村塾」をモデルにした「桜下塾」という私塾を開き、そこに若い一般市民やゼミのOB等を集め、文字どおり全人教育をしているのです。

その吉田教授は、憲法を相対化して、「大日本帝国憲法」にも問題があったことを批判したうえで、それ以上に今の「日本国憲法」には問題があると指摘しています。とりわけ重要な洞察は、「象徴天皇」について、それは明らかに君主であり、そして元首である。しかしその君主とか元首という概念は、十九世紀や二十世紀前半のそれではない。今日、世界を眺めて大事なことは何かといえば、国家の安定であり、国民の統合である。そういう国家の安定とか国民の統合ということをなしうるのは、必ずしも権力を選挙で勝ち取った政治家ではない。まして武力をもつ軍人でもない。むしろ永年の歴史を担い、みずから修養を積む世襲の君主である。そういう世襲の君主こそが、政治権力を超えた精神的な権威として、まさに国家を安定させ、国民を統合しうる、と明確に述べています。

今の憲法はいろいろと問題を含んでいますから、いずれ吉田教授の言うように抜本的な改正を加えなければなりません。しかし、現在の法文でも、これをどう解釈するかというときに、歴史の文脈の中で、建国以来の歴史、少なくとも明治以降の来歴を踏まえて読んでいく必要があります。そうすれば、象徴天皇が君主であり元首であること、つまり日本国を代表され国民統合の中心であられるということは、誰しも認めるほかないはずです。この根本を正確に認識し、積極的に伝えていく必要があると思います。

このことについては、先に紹介した坂本教授が、『This is 読売』という月刊誌（平成八年七月号）に「象徴天皇制と戦後思想」というテーマのもとに、近代思想史家の筒井清忠・京都大学教授と、中世史学者の今谷明・横浜市立大学教授と鼎談《ていだん》しています。この三人の「象徴天皇」に対する見方は、微妙に異なりますが、それを日本の歴史の文脈で考えなければいけないという点では、三人とも一致しています。しかも歴史学の今谷教授が、「我々の、特に日本史学界では、いまだにマルキシズムにどっぷり浸かって、学界の幹部連中などは凝り固まった人々が多い。二十歳くらいで洗礼を受けた社会科学的な思考のイデオロギーというものは、なかなか変えられない」とか、「日本史学界では、天皇制は明らかに悪いものとして、最初から決めつけている。だから、それ以上考えるということは議論にならない」というような状況を鋭く批判した上で、独自の象徴天皇論を述べています。まして坂本教授のような政治学者、あるいは筒井教授のような近代文化論の立場からみれば、もうマルキシズム（唯物史観）に捉われているのは時代遅れであって、もっと広い視野から、長い歴史の中で、象徴天皇のもつ意味や日本というものを考えるべきだ、ということが率直に論じられています。

四 「教育基本法」の改正案

現行憲法には、天皇の具体的な役割として書かれていることが幾つかあります。特に第三条から第七条にわたり「天皇の国事行為」として、たとえば、国会で指名した内閣総理大臣を天皇が任命されるとか、また内閣で指名した最高裁長官を天皇が任命されるとか、あるいは国会で議決した法律とか批准した条約などを天皇が公布されるとか、さらに政府の任命する大使・公使などを認証したり、外国から来任する大使・公使などを接受することなども、具体的に列挙されています。

しかし、このような「象徴天皇」の理解も、単に憲法の条文をみているだけでは本質的な意味を読みとることができません。やはり建国以来の歴史により培われた皇室・天皇のもっておられる伝統的な権威の重みが前提としてあるからこそ、現行憲法により「政治に関する権威を有しない」とされる象徴天皇にも、精神的な権威が備わっており、それを発揮される役割が「国事行為」とされているのです。

ところが、戦後の教育では、「伝統」ということを正面から取り上げなくなりました。その根本的な原因は「教育基本法」にあります。何となれば、日本側で作った基本法の草案には「伝統を尊重して…」という表記があったけれども、ＧＨＱの反対によって、それが削られてしまったからです。

そこで、「教育基本法」施行満三十年の昭和五十二年（一九七七）夏、三重県で日本教師会主催の教研大会のとき、田中卓会長の提唱により、「教育基本法」の具体的な改正案が提示されました。しかも、それがきっかけとなり、その改正に日本教師会が本格的に取り組むにつれ、やがて各地で国民運動が展開されるようになったのです。もちろん、長らく絶対視されてきた「教育基本法」を改正することは、決して容易ではありません。けれども、こういう重大事を、すでに二十年も前から日本教師会が本格的に取り上げ、それを実践に移し始めていたということは、今あらためて評価されるべき点であり、また今後にも引き継がれなければならないことだろうと思います。

その田中提案を再確認しておきますと、昭和二十二年施行の「教育基本法」に抜けている「伝統」尊重の趣旨を、前文などに盛り込もうというわけです。もともと日本側の教育刷新委員会が作った「教育基本法要綱案」（昭和二十一年十一月総会提出）の前文には「……人間性を尊重し、真理と正義と平和を希求する人間の育成を期すると共に、普遍的にしてしかも個性ゆたかな伝統を尊重して、創造的な文化をめざす教育……」とあったのですが、その後GHQの意向により「伝統を尊重して」という文言はどうしても削らざるをえないことになり、最終的には「個人の尊厳を重んじ、真理と平和を希求する人間の育成を期すると共に、普遍的にしてしかも個性ゆたかな文化をめざす教育」という表現になってしまったのであります。

そこで、基本法を改正する場合、この前文は、せめて原案の趣旨を活かすため、「個人の尊厳を重んじ、真理と平和を希求して、祖国と伝統を尊ぶ国民の育成を期すると共に、普遍的にしてしかも個性ゆたかな文化の創造をめざす教育」という表現に改正し、あわせて第一条にも「……祖国の伝統と個人の価値をたっとび、勤労と責任と勇気を重んじ、愛国心と自主的精神に充ちた、心身ともに健康な国民の育成」という具合に傍点の三項を付け加える、というのが田中先生の具体的な提案です。

この改正案は、すでに行われている「教育基本法」のうち、前文と第一条の文章をほとんどそのまま使いながら、それに被占領下では盛り込めなかった、日本人の主体的な草案の趣旨を書き加える、という最小限の修正にとどめられています。しかしながら、もしこれだけでも本当に改正を実現することができるならば、「教育基本法」の限界を乗り越えて、日本的な〝国民教育〟に新しい展望が開けるにちがいないと思われます。

五　中教審の「期待される人間像」

ところで、戦後の教育改革を振り返ってみますと、「教育基本法」は一応そのままにしながら、その実質的な修正が徐々に行われています。この機会に、そのいくつかを再確認しておきたいと思います。

たとえば、まだ占領下であった昭和二十五、六年当時のことですが、吉田内閣の文部大臣であった天野貞祐博士（一八八四〜一九八〇）が「国民道徳実践要領」というものを作られ、「教育基本法」を補うものにしようとされたことがあります。しかし、当時は日教組などの反対が強く、それと結びついたマスコミにも袋叩きにあい、結局天野さんの個人的な試案としてしか発表されませんでした。

しかし、それから十数年後の昭和四十一年にまとめられた中央教育審議会の「期待される人間像」を見ますと、天野元文相の考えがほとんど盛り込まれています。この中央教育審議会の会長は高坂正顕博士（一九〇〇〜一九六九）でして、もともと天野さんと近い考えをもっておられ、それを引き継がれたのだろうと思われます。

この「期待される人間像」によれば、「教育基本法」を前提としながら、私どもの考えていくべきことは、単なる「個人」の尊厳だけでなく、同時に家庭を構成する家族や、国家を構成する国民としての役割を自覚することが大事である、とはっきり指摘しています。「教育基本法」は、憲法に基づいて個人の尊厳とか個人の権利というものを非常に強く押し出しています。しかしながら、ごく常識的な考え方をもってすれば、その個人が生まれ育つ家庭や、その集合体である社会や国家の伝統こそ大切であって、それを除いて単なる個人というものはありえません。

しかも、「国民道徳実践要領」を踏まえて作られた「期待される人間像」の中で注目すべきは、国民として大事なことを三点あげ、一つは「正しい愛国心をもつこと」、二つには「象徴（天皇）に敬愛の念をもつこと」、三つには「すぐれた国民性を伸ばすこと」という三本の柱を立てていることです。

このうち、特に「象徴に敬愛の念をもつこと」がはっきり文言として打ち出された意義は、決して少なくないと思います。現行の憲法や教育基本法による戦後教育がスタートして二十年ほどたち、ようやく文部省の中央教育審議会が公的な答申の中に、「象徴に敬愛の念を持つ」ということを明確に打ち出したのです。その答申書に「象徴としての天皇の実体をなすものは、日本国および日本国民統合ということである。……けだし日本国の象徴たる天皇を敬愛することは、その実体たる日本国を敬愛することに通ずる」と明記してあります。

どんな国民も、個人としての権利が大事だとはいえ、みんなバラバラに分裂し対立していたら、安全も平和もありえません。国民それぞれの立場や意見は違っていても、国家の象徴たる天皇をまとまりの中心として敬愛する気持ちは、同じ国民として皆もつ必要があるというわけです。いわば実体のある日本の国家とか多数の国民を、一つの国家として、また一まとまりの国民として人格で象徴するのが天皇ですから、その象徴天皇に敬愛の念をもつということが、すなわち日本国家および国民全体を尊重することにほかならない、という論理が明確に示されたのであります。

もちろん、このようなことは日本人として当然の常識というべきかもしれません。しかし、それが中教審の公的な答申に盛り込まれた意味は、まことに大きいと思われます。

六「学習指導要領」の一進一退

このような中央教育審議会や、より具体的な教育課程審議会の答申に基づいて、小・中・高校における教育内容の大枠を定めるのが、文部大臣の告示する「学習指導要領」です。これは戦後何回も改訂され、特に講和独立後の昭和三十年代から四十年代にかけて、かなり改正されました。とりわけ「期待される人間像」を踏まえ、昭和四十三年（小・中学校）と四十五年（高校）に公示された「学習指導要領」では、「国民性の育成」ということが強調されております。

たとえば、小学校社会科の「学習指導要領」には、六年生の目標として「わが国の歴史と伝統に対する理解と愛情や国民的心情の育成を図る」とあり、単なる理解だけではなく「愛情」という言葉がはっきり表に出されています。教育において愛情が大切なことはいうまでもありません。しかし、教師が生徒に愛情をもつ、また親が子供に愛情をもつように、私どもが国家の歴史・伝統に対して愛情をもつというようなことを、それまでほとんど言いませんでした。それが明確に打ち出されたのです。

この「わが国の歴史と伝統に対する理解と愛情」や国民的心情の育成を図るとはどういうことかといえば、六年生社会科の「内容の取り扱い」をみますと、「天皇については、日本国憲法に定める天皇の国事に関する行為など、児童に理解しやすい具体的な事項を取り上げて指導し、歴史に関する学習との関連も図りながら、天皇についての理解と敬愛の念を深めるようにすることが必要である」と書かれています。ここに「天皇についての理解と敬愛の念を深める」教育の必要なことが具体的に示されたのです。

しかも、同じ六年生社会科の目標前半にある「国家・社会の発展に尽くした先人の業績やすぐれた文化遺産などについて関心と理解を深める」という点の指導を行うにあたっては、「日本の神話や伝承も取り上げ」「わが国の歴史を通じて見られる皇室と国民との関係について考えさせる」と明記してあります。これは、日本の歴史を平板な時の流れとしてではなくて、そこに皇室と国民の歴史的な関係を読み取るような教育の必要性が、これまたはっきり示されたわけです。

もちろん、「学習指導要領」に示されたからといって、直ちに教科書がよくなり、また学校で十分に教えられるようになったとも限りません。しかし、少なくとも国の教育指針として、こういう態度がはっきり示された意味は、すこぶる大きいものがあります。実は私が教科書調査官として検定の実務に当たった昭和五十年代前半までは、この「学習指導要領」がそのまま生きていましたから、これに基づいて教科書原稿の適否を検討し、審議会に判断を仰いで改善を求めることもできたのです。

ところが、昭和五十二年（小・中学校）から五十三年（高校）に告示された次の「学習指導要領」では、大事な部分がほとんど削除されてしまいました。これは告示から三年後の教科書および教育現場に反映していくわけで、私が教科書調査官を辞めた五十六年春頃から新しい「学習指導要領」に基づいて作られた教科書が出るようになったのですが、その内容は以前と比べて大幅に変わっています。

なぜ、そうなったのかといえば、昭和五十年代に入る頃から学校教育があまりにも詰め込みになりすぎ、「教える内容が多すぎるので、それを精選しなければいけない」ということが盛んに言われるようになりました。そのために、中教審でも教育課程審議会でも、小・中・高校の「学習指導要領」を全面的に見直して、従来の分量を半分くらいに減らすというようなことが、ほとんど至上命令となったのです。そして実際、昭和五十二年と翌五十三年に告示された「学習指導要領」では、従来あった大事な文言がずいぶん削られてしまったわけです。

具体的にいえば、小学校六年生社会科の「目標」の、1と2が全部削られ、それにつれて「内容の取り扱い」における、「天皇についての理解と敬愛の念を深める」とか「わが国の歴史を通じて見られる皇室と国民との関係について考えさせる」などという重要なところも、全部削られてしまいました。辛うじて「神話と伝承を取り上げる」というところは残りましたが、それ以外はほとんど削られてしまった。そのために、まことに残念なことですが、昭和五十年代後半以降の教科書では、「天皇に関する理解と敬愛の念を深める」というようなことが全く出てこなくなってしまったのです。

そこで、これを何とかしなければならないというので、たいへん努力されたのが、日本教師会の先生方であります。とりわけ当時の稲川誠一会長は、昭和五十八年に相ついで刊行された「教育刷新シリーズ」の中で、『学習指導要領をどう見直したらよいか』という一冊を担当されました。これには私も少し相談にあずかりましたが、原稿は全文、稲川会長が必死になって書きあげられたものです。

この中で著者は、昭和四十年代の「学習指導要領」と五十年代の「学習指導要領」を丹念に対比して、こんなところがこのように削られたり短くなってしまっているという事実を、いちいち指摘しておられます。

それを見て、これは大変な問題だということに、数多くの方が気づかれたようです。そして、まもなく稲川会長が急逝された昭和六十年に入る頃から修正原案が作られ、やがて平成元年に告示された現行の「学習指導要領」では、その大事な部分がある程度復活しております。

たとえば、小学校社会科第六学年の「目標」1の後半は「……我が国の歴史や伝統を大切にする心情を育てる」という表現で、昭和四十年代の「愛情」という言葉には至りませんが、五十年代の「……大切にしようとする態度を育てる」に比べれば少し良くなっています。

しかも、「内容」の2として「日本国憲法には、国家の理想、天皇の地位、国民としての権利および義務などの重要な事柄が定められていることを調べて、それらは国家や国民生活の基本であることを理解すること」をあげ、さらに「内容の取扱い」の2において、「天皇については、日本国憲法に定める天皇の国事に関する行為など、児童に理解しやすい具体的な事項を取り上げ、歴史に関する学習との関連も図りながら、天皇についての理解と敬愛の念を深めるようにすること」を再び明記しているのです。

この変化は極めて重要だと思います。私どもは戦後教育の流れの中で、いろいろと努力を重ねるうちに、実りを得たものもありますが、少し気を緩めると、それも消えてしまいます。そこで、それを再び取り戻すための努力をすることによって、たとえば「学習指導要領」を少しでも良くすることができます。そのおかげで、大事なことを教科書や現場にも提供しうる手がかりを作ることになったのです。

七　今後とも大事なポイント

ところが、平成八年六月に発表された中央教育審議会の審議の「まとめ」を見ますと、なぜか二十年前と同様、その柱の一つが「教育内容の厳選」ということになっています。

まるで昭和五十年代初頭の中教審答申を蒸し返したように、これからの学校教育の在り方は「知識を教え込む教育から、みずから学び考える教育への転換をめざす。学校はゆとりのある環境で、一人ひとりの子供を大切にした教育活動を展開する」と大見栄を切り、具体的には「教育内容を厳選して、基礎・基本に徹底し、授業時数を減らす。単なる知識や暗記に陥りがちな内容、学校段階・学年間・教科間で重複する内容を精選する」ことなどがあげられているのです。

これは、一面まことにそのとおりかもしれません。しかし、この方針に基づいて「学習指導要領」を改訂する段階では、昭和五十年代と同じく、精選・厳選の名の下に、どちらでもよいところだけでなく、真に大事なものまで削ってしまう恐れがあります。

したがって、私どもは少なくとも現行の「学習指導要領」やその解説書などに載っている大事な部分を必ず残すように、またいったん消えていても大切なことは取り戻す努力をする必要があります。たとえば、「天皇についての理解と敬愛の念を深める」というような部分は、幸い復活して現在ありますが、これが再び消えないように要望していかなければならないと思います。

ちなみに、この「天皇についての理解と敬愛の念を深める」ことが、今日でも意味があるどころか、いかに大切かということに関して、参考になるエピソードがあります。それは、『中日新聞』（平成八年八月十四日朝刊）のコラム「中日春秋」に掲載された、アトランタオリンピックで優勝したタイ王国の選手についての話です。

要約しますと、ソムラック・カムシンというタイのボクシング選手は、このオリンピックでフェザー級の優勝者となり、タイとしては五輪史上で初めて金メダルを手にしました。タイはボクシングが国技とみなされるほど非常に盛んな国ですから、みんな大変な喜びようで、早速、国王に拝謁する栄に浴し、そのうえ日本円にすると約二十億円近いご褒美をもらったそうです。

こういうことは外国でもよくありますが、一般的にいって、人間は大金を手にすると、急に贅沢《ぜいたく》して堕落するか、それで事業などを始めて失敗するか、あるいは海外へ行ってしまったりする人が多い。けれども、このカムシン選手は「大丈夫」だというのです。なぜなら、「在位五十年のプミポン国王の人気は絶大で、その国王から彼はメダルをもらいました。これは金メダル以上のものです。だから彼は、身を律して生きてゆきます。タイはそういう国なんです」と現地の特派員が伝えてきた、と記されています。

つまり、このカムシン選手にとって、オリンピックで金メダルを取ったのは名誉であり、ご褒美の大金をもらったのも嬉しいことでしょうが、タイ王国の象徴として全国民から仰がれている国王陛下に拝謁することができたのは、何物にも勝る栄誉であり喜びなのです。したがって、彼は二十億円近いご褒美を手にしても身をもち崩すようなことをするはずがなく、むしろ次のオリンピックにも優勝できるようシッカリと生きていくだろう、ということを『中日新聞』の特派員が伝えてきたわけです。

これはタイの話ですが、日本でも「天皇に対する理解と敬愛の念を深める」教育が本当に行われるなら、おそらくカムシン選手のような人物も育つだろうと思います。私どもはお金も欲しいし名声も欲しい、というような欲望をもっています。しかし、それだけではなく、国民の大多数が信頼し尊敬するような御方から努力を認めていただくようなことがかなうならば、それは何物にも代えられない喜びであり、またそれを今後への励みとして一層精進しうるにちがいありません。

戦後の日本では、「天皇に対する理解と敬愛の念を深める」どころか、あえて非難したり否定するような教育が随所で行われてきましたから、カムシン選手のような気持ちを抱く若い人々は少ないかもしれません。しかし、だからこそ、まさに二千年の歴史を踏まえて、日本人が培ってきた天皇と国民の関係、昭和二十一年元旦の詔書にいう「信頼と敬愛」の念というものを、教育の場で掘り起こし伝えていく必要があるのです。もし、それがなければ、天皇がどんなに努力されても、また皇族方がどんなに協力されても、それを一般国民のほうで正しく受けとめられなくなってしまうおそれがあります。

そういう意味で、幸い現行の「学習指導要領」にも、こういう大事な文言が明記されているのですから、これを必ず次に引き継ぎ、また教科書にも現場の教育にも活かせるように、お互い努力をしたいものだと思います。

八　皇室敬語と元号表示

このように現行の「学習指導要領」でも教えることになっている「象徴天皇の役割」とか、「皇室と国民との関係」について考えるうえで、大事なものがいくつかあります。

その一つは、前述のとおり、天皇の国事行為など公的なお務めがもつ意味を、小・中・高校の教育段階に応じて正しく教えていくということです。いま一つは、これまた小・中・高校とも学校行事で必ず掲げ歌うことになっている国旗「日の丸」と国歌「君が代」の来歴とその意味を正しく理解させることです。ただ、この二点につきましては、いろいろお話しすべきことがありますけれども、すでに拙著『皇室の伝統と日本文化』（モラロジー研究所刊）および『国旗・国歌の常識』（東京堂出版刊）などに詳しく論じましたので、ここでは省かせていただきます。

そこで最後に、近ごろ非常に気になる二つの問題に言及しておきたいと思います。その一つは、皇室に関する敬語の問題です。最近、「皇室アルバム」などのテレビ番組を見ながら痛感したことですが、両陛下のお出ましについて報ずるアナウンサーの言葉も、また両陛下をお迎えする人々の言葉も、実にぞんざいです。ぞんざいというより、むしろ敬語を使わないほうがよいことのように思っているのかもしれません。ここに、大きな問題が潜んでいるのではないかと感じます。

およそ国家の象徴に対しては、それぞれの国民が、自分自身に誇りをもつように、自分たちの属する国家の象徴に誇りをもち、相応の敬意を払うという常識がなければならないと思います。それゆえ、たとえば昭和二十七年四月、我が国が講和条約を結んで独立した直後の第一期国語審議会でも、「これからの敬語」について議論をしています。そして、特に「皇室敬語」の問題を取り上げ、「従来のように難解な漢語や過剰な敬語は、今後〝平明・簡素〟な表現に改めなければいけない」けれども、「普通の言葉の範囲内で、最上級の敬語を使うことが、これからの敬語のありようとして大事なことである」と提言しています。これが日本人のいわば最小限の良識だと思います。ところが、それすらいつの間にか忘れられ、だんだんひどくなっています。

特に昭和天皇が亡くなられて平成に入る頃から、急速に皇室関係への敬語表現が少なくなりました。平成五年の皇太子殿下の御成婚に先立ち、『朝日新聞』は六月六日朝刊の社説で、「日本語全体に敬語の簡略化が進んでいることも考えれば、皇室報道における敬称や敬語はできるだけ減らしていくのが、時代の流れに沿う行き方であろう」という妙な理由をつけて、そのとおりに敬称や敬語を極端に減らした不自然な記事を書いています。今や『産経新聞』を別にすれば、他のマスコミも大同小異です。

日本のインテリ層に大きな影響力をもつ『朝日新聞』が、こんな程度の認識で「時代の流れに沿う行き方」をとるようになったのは、まことに残念なことです。むしろ新聞や放送などの従事者こそ、表現のプロとして「普通の言葉の範囲内で、最上級の敬語を使う」見識をもち、具体的に実践する役割を担ってほしいのです。

そもそも日本の敬語というのは、我が国語のもつ最大の特徴であり、最高の日本文化といってもよいと思います。しかも、その来歴を考えると、敬語は天皇を頂点とする大家族的な国家社会秩序から生まれ育まれてきたものです。今なお象徴である天皇をはじめ皇室に関することを、どのように表現するか、また一般社会においても、尊敬すべき目上の人や敬愛する人に対して、どのような表現を用いるか、それは木目のこまかい気配りや心づかいとして、最近までごく自然に行われてきました。

しかし、このような言語秩序が崩れますと、日本的な社会秩序の根本も崩れかねません。そういう意味で、国家・国民の象徴たる天皇や皇室に対する敬語の問題は、教育の現場でも真剣に取り組む必要があります。できれば今後の「学習指導要領」の改定にあたっても、敬語の尊重、適切な敬語表現の教育を推進するよう考えてほしいと思います。

もう一つ気になりますのは、元号・年号をなるべく使わない、むしろ全然使わないという傾向が急速に広がっていることです。公教育にも非常な影響を及ぼしており、たとえば大阪府の豊中市では、数年前に、公立中学の卒業生が元号使用拒否の訴訟を起こしました。もちろん、その背景にはイデオロギッシュな運動に巧みな教員や親がいるようです。けれども、表向きは一部の卒業生が、「卒業証書に元号が書かれているのは嫌だ。自分の思想信条に反するから、こんな卒業証書は受け取れない。元号でなく西暦の卒業証書を出してほしい」と訴えているのです。

この訴えは結局却下されましたが、残念なことに、豊中市の教育委員会は、現場の生徒の声を聞いたら西暦のほうがいいという結果を得たと称して、平成七年から小学校、中学校の卒業証書は、すべて西暦を主とし括弧で年号を加えるという方式に改め、しかもそれを縦書きから横書きに直してしまいました。

ところが、『産経新聞』などによると、訴訟を起こした人々は、なおそれでも満足せず、西暦の後に、括弧の中であれ元号が入っているのはけしからんということで、依然として卒業証書の受け取りを拒否しています。これは元号使用を拒否することによって年号制度を否定し、やがて皇室の存在を拒否し象徴天皇すら否定する、一種の革命運動と考えざるをえません。現に豊中市の場合、中学卒業生の名を借りたグループの人々だけでなく、その対応を誤った教育委員会の措置によって、学校現場が西暦一辺倒になり、それが天皇否定の傾向を助長するであろうことは、無視できない状況だと思います。

もちろん、どんな制度にも長所と短所があります。西暦と元号＝年号を比べてみると、西暦が長い巻尺だとすれば、元号は短い物指のようなものです。したがって、長い年代の前後関係を計ったり広く国際比較をするときは、確かに西暦のほうが便利です。しかし、明治・大正・昭和・平成という元号は、まさに時代感覚を表すことができますから、数年・数十年の短い年代を表すには元号のほうが身近で分かりやすく、親しみもあります。特に明治以降は一世一元であり、現在も昭和五十四年成立の「元号法」により〝一世一元〟の趣旨が成文化されています。

この一世一元制の元号は、天皇が践祚《せんそ》されてから何年、という数え方をしますので、ごく自然に天皇と国民をつなぐことのできる文化的な絆《きずな》にほかなりません。そもそも天皇や皇室そのものに反対する人々は、だからこそ元号を潰《つぶ》してしまえというのでしょう。ただ、必ずしもそうでない人々までが、単なる便宜論で西暦一辺倒に走るのは、いささか軽率であり、文化的に貧しいというほかありません。日本には他の国にない歴史や伝統が今なお伝わっており、その最たるものが皇室の存在であることは確かなのです。したがって、千三百年近くも行われてきた年号・元号の制度は、天皇と国民を結ぶ超国宝級の伝統文化として、学校教育でも大切に伝えていく必要があると考えております。

以上、いろいろなことを申し上げましたが、大切なポイントを再言すれば、私ども日本人は、象徴天皇も皇室の存在も、単に現行憲法の文言だけをみるのではなく、まさに坂本教授や吉田教授も言われるように、少なくとも明治以来の、できれば建国以来の歴史を踏まえて理解するとともに、それを次の世代の人々に伝えていく必要があろうかと思います。

しかも、そのことをなすべきは、家庭であり学校であります。家庭における教師である両親や、学校における教師である先生は、古来の歴史を踏まえて、天皇に代表される伝統の大切さを十分に認識し、それを子供や生徒たちに根気強く教え伝えていく努力をしなければなりません。私も親として教師として精一杯やってゆきたいと思っております。

九　質疑応答（要旨）

〈A〉天皇に関する称号には、どんな由来があるのですか。

【所】「天皇」という以前に、より古い大和言葉の称号として「オオキミ・スメラミコト」などがあります。オオキミは、各地の有力な豪族をキミ（君・王）というのに対して、そのうえに立った大和王権の首長をオオキミ（大君・大王）と称したもので、大和の朝廷による国内の統一が進んだ四〜五世紀頃から使われていたとみられます。スメラミコトは、そのような国内を統合している大王の政治力や神聖性を表すために、おそらく〝統《す》べる尊《みこと》〟ないし〝澄《す》める命《みこと》〟の意味をこめて六〜七世紀頃から用いられていたと考えられます。

それに対して漢語の称号は、七世紀に遣隋使・遣唐使が中国からもたらしたものです。おそらく推古女帝・聖徳太子の頃から、遅くとも天武天皇朝には公式に使われていたとみられます。それを受けて八世紀初頭に完成された「大宝令」の儀制令では、「天子、祭祀に称するところ。天皇《てんのう》、詔書に称するところ。皇帝《こうてい》、華夷に称するところ」と規定しています。このうち、天子は、天帝から天下統治の大命を受けた御子の意とされ（儒教的称号）、天皇は、天上の最高神と仰がれる天皇大帝＝北極星を指しますが、それを地上の最高権威者にあてたものといわれ（道教的称号）、皇帝は、初めて中国全土を統一した秦の始皇帝のときから用いられてきた帝王の正称（法家的称号）です。

ただ、中国では、おもに天子と皇帝が使われ、天皇と称したのは唐の高宗（六七四年より）以外にほとんどありません。したがって、これは道教に強い関心を示された天武天皇（在位六七三～六八六年）が、従来の大王号に代えて天皇号を採用されたとの説が有力視されています。しかし私は、推古天皇十六年（六〇八）小野妹子が再び隋《ずい》へ渡る際持参した国書に「東（日本）ノ天皇、敬テ西（中国）ノ皇帝ニ白《もう》ス……」とあったことを『日本書紀』の所伝どおり認めてよいと考えています。いずれにせよ、この「天皇」（和訓スメラミコト）という称号は、日本で君主号として千三百年以上も使い続けられてきたことになります。

なお、国内的には「ミカド」（帝）と称されたことも多く、また明治以降の外交文書では皇帝の英訳、「エンペラー」が用いられています。

〈B〉象徴というのは、元首よりも軽い存在なのですか。

【所】言葉の定義により見解が分かれます。外国の君主でも、イギリス（連合王国）の国王（女王）のように、名目的に三権を統《す》べ治めて、対外的に国家を代表する権能が明確な元首もあれば、ベルギー王国の国王のように、国民主権の政治体制を憲法に明記しながら、精神的儀礼的な権威をもつ元首もあります。象徴天皇は後者に近いといえます。日本国を代表し国民統合のシンボルとして国事行為などを行うことが憲法にも規定されていますから、元首の役割を果たしていることになります。

およそ独立国家で元首のないところはないのですから、日本では象徴天皇が元首に相当すると考えるほかありません。三権分立の体制をとる日本においては、立法府の衆議院議長も、行政府の内閣総理大臣も、一国を代表する元首とは認められません。

戦後の学界や論壇などでは、象徴天皇の存在と役割をあえて軽視したり無視する傾向が強く、単なる象徴（飾り物）にすぎないとか、君主でもなければ元首でもないとすら言われてきました、けれども、外国では、例外なく天皇を日本の元首とみなすからこそ、天皇が訪問されれば丁重に元首の礼遇をしますし、日本へ遣わす大使・公使の信任状も天皇あてとしています。これが国際常識です。したがって、象徴は元首にほかならず、決して軽い存在ではありません。むしろ選挙で国民の得票を争う共和制の元首に比べれば、世襲で皇位を継ぎ全国民のために心を配られる天皇のほうが、本質的に国家を代表し国民の中心と仰がれており、元首の役割を有効に果たしているともいえます。

〈C〉学校行事などで、国旗はどのように扱うべきでしょうか。

【所】入学式や卒業式などで「国旗掲揚」をするときは、ステージの正面中央に掲げるのが最もオーソドックスです。しかし、あえて国旗と校旗を並べて掲げる場合、どうしたらよいのか。また外国の来賓などを迎える場合、どうするべきか。これには原則を知っておく必要があります。これが少し混乱を生じやすいのは、歴史的・地域的に変遷があるからです。

簡単にいえば、古来東洋では多く左優位ですから、昔の内裏雛《だいりびな》のように、正面のほうから見て左側、つまりこちらから向かって右側を上位としました。しかし、西洋諸国では多く右優位（右＝ライトが正義・正統の象徴）であって、近代の御真影のように、正面のほうから見て右側、つまりこちらから向かって左側を上位としています。

ところが、明治以降の日本では、東洋式の左優位をやめて西洋式の右優位に改めながら、自国旗と外国旗を並べて掲げるときは、外国に敬意を表して外国旗を上位の右側（向かって左側）とする方法が長らく行われてきました。しかし、これでは自国を卑下しているようにも誤解されかねないため、最近は純西洋式にするケースもみられます。たとえばＮＨＫテレビで日米会談を報ずる際、画面の右（向かって左側）に日章旗、その左（向かって右側）に星条旗を並べることが多くなりました。

もちろん、外国の来賓を迎えるときは、相手に敬意を表するため、その国旗を正面の右（向かって左側）にするほうがよいでしょう。しかし、国旗と校旗を並べるときは、正面の右（向かって左側）に国旗、その左（向かって右側）に校旗を配するのがよいのです。

〈Ｄ〉元号と西暦は、どちらを優先すべきでしょうか。

【所】どちらも大切ですが、最近のマスコミなどでは、ほとんど西暦を使い、元号を故意に用いない傾向があります。しかし、年の表し方として、西暦にも元号にも、それぞれに長所・短所がありますから、適宜併用するほうが親切ですし、また両方を上手に使い分けることに文化的な意味もあります。

また、一部の人々は、元号使用拒否を「天皇制」否定の一手段と位置づけ、その運動に利用しています。しかし、そのような人々にあえて理屈をいうならば、いわゆる西暦は、本来キリスト生誕紀元（ＢＣはキリスト以前、ＡＤは主イエスよりの意）であって、それのみを公用することは〝政教分離〟の原則にも抵触しかねません。

それに対して元号は、我が国で大化・大宝以来千三百年以上も公用されてきた〝伝統〟をもち、そのうえ「元号法」というれっきとした日本の法律に基づいていますから、年を表示する方法としては、元号こそが明文上の法的根拠を有するわけです。したがって、私的な使い方は全く自由ですが、公的な文書（卒業証書など）には、元号を使用するのが当然であり、必要に応じて西暦も併用すればよいと思います。

〈追記〉「平成改元」満二十五年記念出版の編著『日本年号史大事典』（雄山閣）を参照して頂きたい。

第四章　〝ミカドの国〟日本の再発見

一　今上陛下御即位満十年奉祝

「国旗・国歌法」の制定された平成十一年の十一月十二日、東京の国立劇場および皇居前広場において、今上陛下の御即位以来満十年を奉祝する行事が催されました。当日、直接参加した方々はもちろん、テレビ・ラジオなどにより間接的に視聴した全国の人々も、多大な感銘・感慨を覚えられたことでありましょう。

とりわけ、政府主催の式典でも民間の国民祭典でも行われた国歌「君が代」のソプラノ歌手による流麗な独唱と参加者全員による荘重な斉唱は、ＹＯＳＨＩＫＩの見事な創作、“Anniversary”（記念祭）のピアノ演奏とともに、深い感動が今も耳の奥に残っています。しかも、あの日は朝から時々強い雨の降る天候でしたのに、天皇・皇后両陛下が二重橋の上へお出ましになられる頃、カラリと晴れわたったのは、まことに不思議な奇瑞《きずい》と申すほかありません。

この十年あまり、国の内にも外にも様々な出来事が頻発し、今や世界的な未曾有の激動期にあるのかもしれません。しかし、我が国においては、幸い「日本国の象徴であり日本国民統合の象徴であって」「皇位は世襲」と現行憲法に定められる天皇陛下ご自身、「内外にも天地にも平和の達成されること」を理想とする平成年号のもとで、常に「これからの日々が、日本にとり世界にとって、少しでも平和で希望に満ちたものになること」を願い続けておられます（国民祭典での「お言葉」参照）。

かように純真な祈りを捧げられる大御心《おおみこころ》は、何ら喧伝されませんが、折々の御製《ぎょせい》（和歌）や行幸《ぎょうこう》（お出まし）などを通じておのずと広く知られ、数年来の政治的な混迷、経済的な不況にもかかわらず、大多数の日本人が安心していることのできる根本的な要因だろうと思われます。それゆえに、「君が代」の君を象徴天皇と解する「国旗・国歌法案」も、衆参両院で七～八割強の賛成を得て成立したのであろうと思われます。

二　パスポートの国章は菊花紋

ところで、「日の丸・君が代」法制化論議が中休み状態の五月上旬、私はアメリカへ行っておりました。主な用件は、ワシントンＤＣの世界銀行本部講堂において開かれた「世界の歴史的都市と宗教的聖地の建物保存に関する国際シンポジウム」の初日、主催者の要請により、伊勢の神宮で千三百年来、二十年ごとに繰り返されてまいりました「式年遷宮による〝常若〟（ever lasting youth）の英知」について基調報告することでした。私は英語が全く苦手ですけれども、スライドを使いながら説明したので何とか通じたらしく、会場でも食堂でも質問攻めにあい、世界の有識者たちが日本の伝統文化に寄せる関心の強さと造詣の深さを知ることもできました。

それはさておき、日本人が海外旅行の際、携行しなければならないパスポート「日本国旅券」の表紙には、金色の菊花紋が描かれています。菊の入った紋章は、楠木氏の菊水紋などいろいろありますが、十六弁の菊花紋は中世以降（後鳥羽上皇の頃から）皇室の御紋章として使われ、明治元年に皇室専用と定められたものです。しかし、王政復古を宣言した維新政府では、皇室と国家を不離一体のものと考える王土王民思想によっていましたから、やがて政府発行の貨幣・紙幣・切手・印紙にも、また条約批准書・大公使信任状・船舶国籍証書・海外渡航旅券（パスポート）、さらに国内官庁・在外公館などにも十六弁の菊花紋を〝国章〟として（冊子型の旅券は大正十五年から）用いるようになりました。その慣習が戦後も受け継がれ、今なお堂々と行われているのであります。

ちなみに、鑑賞用の菊は、奈良時代に唐から舶来したものといわれています。その中国では、漢代の『説文』に「菊……日精ナリ、秋ヲ以テ華サク」とあり、また魏代の鍾會《しょうかい》が「菊花賦」に「ソレ菊ハ……円花高懸、天極ニ準ズルナリ。……早植晩登、君子ノ徳ナリ。……」と讃えていますから、菊の花（放射線状の花弁）は日精（太陽光線）とも天極・君徳のシンボルともみられていたことが分かります。それゆえ、我が国でも「日出づる処」「日の本の国」のシンボルとして、扇や旗などに「日の丸」印を用いるのみならず、その日（太陽）を菊花紋で表す錦旗＝錦の御旗も、中世以降（後鳥羽上皇か後醍醐天皇の頃から）「官軍」の旗印として使われてきました（拙稿「錦旗の来歴・再検証」『京都産業大学日本文化研究所紀要』第四号、平成十一年所載参照）。

このように長らく皇室の御紋章とされてきた菊花紋が、明治の初めから戦後の今日まで日本の国章として公式に慣用されている、という事実のもつ意味は極めて重要であります。何となれば、菊花紋により表される皇室（天皇）は、イコール日本国のシンボルにほかならないことが端的に示されているからです。しかも、それを大多数の日本人が当たり前のように認めているのは、まさに天皇が日本国の代表であり国民統合の中核だ、とごく自然に考えているからでありましょう。さらに、この菊花紋がパスポートや在外公館などを通じて全世界の人々に知れわたり、日本は皇室を中心にまとまっている（天皇を抜きにして、日本国はありえない）という認識を形づくっているにちがいありません。

三　グリフィス博士著『皇国《ミカドスエンパイヤー》』

さて、先にワシントンで用務を終えた私は、アメリカ建国ゆかりのフィラデルフィアを見学した後、ニューヨークに近いニューブルンズウィックのラトガース大学を訪れました。このオランダ系移民が建てた大学には、幕末から明治にかけて数十名の日本人が留学しています。

その中で最も優秀な成績を収めながら、明治三年（一八七〇）、卒業目前に病死した福井出身の日下部《くさかべ》太郎（享年満二十三歳）は、彼と親交のあった二歳年上のウィリアム・エリオット・グリフィスに強い影響を与えたようです。それが縁で福井藩の招きに応じて来日したグリフィス博士は、初め（明治四年）藩校明新館に勤め、まもなく廃藩置県に伴って東京の大学南校へ移り、両方で物理・化学などを教授しています。しかも博士は、同七年に帰米すると、日本で収集した資料と自身の体験とに基づく著述をまとめあげ、同九年にニューヨークで出版し、そのタイトルを"The Mikado's Empire"（ミカドの帝国）と名づけ、表紙に「皇国」という墨書を加えているのです。

この大著（A5判六二〇頁、のち五〇頁増補）は、前半が頼山陽の『日本外史』などを参考にまとめた日本歴史の概説であり、後半が彼の見聞した明治初年の日本紹介です。これをミカドス・エンパイヤー＝皇国という題名にしたのは、それが日本の国家的特質（国柄）を最も良く表しうると判断したからでありましょう。

ちなみに、「皇国」という言葉は、中国隋代の王通が著した『文中子』に「覇国ハ智ヲ戦《きそ》ヒ、王国ハ義ヲ戦ヒ、帝国は徳ヲ戦ヒ、皇国ハ無為ヲ戦フ」とあり、最も理想的な政治の行われる国家を指します。これが日本でよく使われるようになるのは、江戸時代の中後期からです（早い例は荷田春満《かだのあずままろ》の『創学校啓』に「皇国《すめぐに》の学校を開く」等と見えます）。

特に幕末の吉田松陰は、安政二年（一八五五）「成人」の心得を示した『七規七則』の中で、「およそ皇国に生れては、よろしく吾が宇内（世界）に尊き所以《ゆえん》を知るべし。けだし皇朝は万葉一統（万世一系）……君臣一体・忠孝一致、唯吾が国を然りとなす」と明言しており、また、橋本景岳も、同三年の書翰《しょかん》中に「皇国は、異邦と違ひ、革命と申す乱習悪風これ無き事ゆゑ……」と指摘しています。つまり、我が「皇国」日本は、万世一系の天皇を奉じ続けており、革命による王朝交替などのない古今一貫した国柄だ、という認識が見事なまでに共通しているのです。それが明治初年にも一般に広まっていたからこそ、グリフィス博士も当然のごとく書名としたのでありましょう。

四　ミカドは「日本の内なる力」

このグリフィス博士は、その後も日本紹介の著述を十冊近く出版していますが、特におもしろいのは、一九一五年（大正四年）初版の“The Mikado”であります。これはザ・ミカド＝明治天皇の実像を率直に描いたもので、しかも幸い亀井俊介先生（東京大学名誉教授・岐阜女子大学教授）の全訳『ミカド――日本の内なる力――』が岩波文庫に収められています。その副題の原文は A study of the Internal Political Forces of Japan とありますから、直訳すれば「日本の内なる政治的な力（権威）の研究」ということですが、それは具体的にどんなことなのか、本文の数か所を抄出してみましょう。

a「ミカドとは、日本人にとってあらゆる貴いものの象徴である。……睦仁《むつひと》皇帝（明治天皇）に何度か謁見をたまわり、また彼の生涯を研究した結果、私は皇帝を現代の真に偉大な人々のひとりだと認める」（一九～二〇頁）

b「明治の精神的栄光の最も偉大なものとしてあげられるのは、百万におよぶ賎民の地位を向上させて公民権を与えたことである。……政治的改革の中心には、二頭政治の廃止、ミカド主権の確立、土地をその耕作者の所有に帰したこと……などがあげられる。そのすべての頂点となるのは、一八八九（明治二十二）年のすばらしい憲法である。それは君主の大権に制限を加え、……無数の恩恵を人民に与えたのだ」（二五～二六頁）

c「ミカドは〝無窮の大日本〟の歴史において、あらゆる光輝あるものの生きた象徴で

ある。……彼（天皇）は歴史と宗教を一身にそなえている。彼は国の記憶と人民の希望とを体現している」（三五頁）

d「ミカドには姓がない。個人の名があるだけである。このこと自体、非常な古さのあらわれなのだ。……ミカドの家系は、人の記憶を絶した昔から……〝万世〟の昔から支配者であったのだ。……この国の古典詩歌の豊かな宝庫の中から、ミカドの栄誉を祝福し、彼の万歳つまり万年の長寿を願って八世紀[一〇]につくられた和歌（↓「君が代」）が、しばらく前（一八八〇年）国歌に選定された……」（六七〜六八頁）

e「睦仁は……規則正しく毎日の職務に従事して、もっとも勤勉な君主の一人となった。彼が早くから人を見分け、その心を読みとり、またその価値と能力を素早くはかるのは、このきびしい勤めのおかげである」（一八五頁）

f「睦仁は、機に臨んで能力を発揮し、新しい要求や義務にも欣然《きんぜん》として応じたという点で、国民の精神の代表であった。……睦仁ほど、終始一貫して質素な食事をした人は、帝国中にもあまりいない。……

彼は実際、祖先に恥じざるよう、祖先の素朴な長所を失わざるようにと努めた。彼が模範を示したからこそ、耕作できる土地は乏しく、しかも人口の多い貧乏な国が、（日清・日露）二大戦争を遂行しうるまでになったのである。宮中で教えが実行されたことは強い援軍となり、さらにそこから霊威があふれ出た。これがあったからこそ、不可能なはずの大事業が完成されたのだ」（三〇〇・三〇五頁）

g「何千万の国民に対する皇帝のおのずからなる愛は、白熱した電球から発する光のように、何度もあふれ出た。和歌（現存約十万首）はその証《あかし》である。国民はこの詩的奔流を見て恐懼《きょうく》した。〝いにしへのふみ見るたびに思ふかな おのが治むる国はいかにと〟……睦仁の筆になる詔勅を研究した人は、彼の散文・和歌・生活がひとつに調和していることを知るだろう」（三二〇・三二六頁）

他にもアメリカ人らしい自由な論評が随所に見られます。彼はaにいうごとく、東京にいた三年間に皇居へ招かれたときや大学へ行幸された折、明治天皇に何度も謁見を賜っており、またgにいうとおり、帰国後も四十年近く明治天皇に関する資料（詔勅・和歌など）の収集に努め研究していたようです。（その膨大なコレクションは、ほとんどすべてラトガース大学のアレクサンダー図書館に寄贈され、研究者に公開されています）。したがって、本書の内容は、熱心なキリスト教徒（彼はプロテスタントの牧師でもあった）にありがちな思い込みを除けば、かなり正確であり客観性に富むといってよいと思います。

この『ミカド』によれば、b明治維新後の日本は、ミカドのもとで四民平等（一君万民）の社会となり、君主も憲法に制約される政治体制（立憲君主制）を確立したこと、cdそのミカドの家（皇室）は、悠久の昔より日本の統治者であったから、一般国民のような同レベルの他家と区別するための姓がなく、今に続くミカドが「無窮の大日本」の「歴史と宗教を一身にそなえ……国の記憶と人民の希望とを体現している」ので、国歌にも「ミカドの栄誉を祝福し……万年の長寿を願って」古歌の「君が代」が選定されたこと、しかもef明治のミカド（睦仁皇帝）は、若いときから「規則正しく毎日の職務に従事し」「新しい要求や義務にも欣然として応じ」「祖先の素朴な長所を失わざるようにと努め……模範を示した」からこそ、「不可能なはずの大事業が完成された」ことなどが高く評価されています。

このようなグリフィス博士の明治天皇および「ミカドの国」日本に対する見方は、一世紀近くたった今日、内外の近代史学者などによる研究成果と矛盾しないどころか、むしろ本質を衝いた先見の明に感服せざるをえません。特にｇで、「国民に対する皇帝のおのずからなる愛」の証として御製を一首あげ、このミカドは「いにしへのふみ」（歴史）に照らして「おのが治むる国はいかに」と常にみずからを省みておられ、それを見て当時の国民が恐懼したことまで指摘しているのは、極めて重要であります。

ご承知のとおり、明治天皇は維新の冒頭、王政復古を宣言するとともに、新しい国是（国家の基本方針）を五箇条にまとめさせて、その実現を天神地祇《てんじんちぎ》に誓っておられます。そして事実二十二年後、君主の大権をも制限する近代的な成文憲法を発布されるにあたり、国民に率先してこの憲法を遵守《じゅんしゅ》することを神々に誓っておられるのです。

しかも翌二十三年（一八九〇）には、教育の根本方針として「父母に孝に、兄弟に友に、夫婦相和し、朋友相信じ、恭倹己《おのれ》を持し、博愛衆に及ぼし、学を修め業を習ひ、以て智能を啓発し、徳器を成就し、進んで公益を広め世務を開き、常に国憲を重んじ国法に遵《したが》ひ、一旦緩急あれば義勇公に奉じ」ることが国民道徳に不可欠だというのみならず、「朕、爾《なんじ》臣民と共に拳々服膺《ふくよう》して、咸《みな》その徳を一《いつ》にせんことを庶幾《こいねが》ふ」と述べておられます。

このような具体的モラルの有言実行は、必ずしも容易なことでありません。しかし、それを明治天皇は常に自ら実践して、平常時でも質素な生活に甘んじながら公務万般に日夜精励され、非常時の日清戦争中には広島へ大本営を進めて、前線の将兵たちの辛苦を労《ねぎら》われるなど、本当に率先「模範を示したからこそ」、国民全体が一致協力して近代国家の形成発展に努めたのでありましょう。これが本来の〝ミカドの国〟日本における〝一君万民、君民一体〟の実像にほかなりません。

五　立憲君主国日本の〝民本思想〟

このように見てまいりますと、明治の初めに日本で生活し明治天皇の御生涯を深く理解したグリフィス博士があえて「皇国」＝ミカドス・エンパイヤーと称した明治の日本は、まさにザ・ミカド＝明治天皇を中心とする〝ミカドの国〟だと呼ぶにふさわしいものです。しかも、それを名実ともに可能にしたのは、彼が前掲書で〝明治の三大傑作〟という「五箇条の御誓文」と「大日本帝国憲法」と「教育勅語」によるところが極めて大きい、と申してよいでありましょう。

ところが、戦後の日本は、敗戦につぐ占領下で、この〝三大傑作〟を否定したのだから、もはや〝ミカドの国〟ではない〝民主国家〟に変身したんだ、というようなことが強く言われ、広く信じられてきました。しかし、はたしてそうでしょうか。また、仮にそうだとしても、それが日本にとって本当によいことなのでしょうか。ここで再検討を加えたいと思います。

まず「五箇条の御誓文」は、昭和二十一年元旦に公表された詔書の冒頭に全文引用され、これが〝新日本建設の国是〟として示されたのです。いみじくも昭和天皇が後日証言しておられますように、この詔書にこめられた第一の目的は、「民主主義を採用されたのは明治天皇であって、日本の民主主義は決して輸入のものではない」ことを示すところにあったのであります。

ついで「大日本帝国憲法」は、昭和二十二年五月施行の「日本国憲法」により廃止されましたが、新憲法も旧憲法の改正手続きを踏み、国会だけでなく枢密院の議を経て、天皇が公布を裁可されたものです。しかも、その最も重要な第一章は、旧憲法と同じく「天皇」であり、象徴・世襲の天皇が国家・国民のために行う国事行為などを条文化しています。

したがって、たとえば美濃部達吉博士は『新憲法概論』の自序で、「万世一系の天皇を国家の中心として奉載し……天皇は国民を子の如く親愛したまひ、国民は天皇を父の如くに尊崇して忠誠を致す……我が国体は、新憲法に依りて毫《ごう》も動かさるる所の無いものと謂《い》はねばならぬ」と明言しておられます。

さらに「教育勅語」は、昭和二十三年六月、衆参両院で排除・失効確認の決議が行われています。しかし、田中耕太郎氏の証言によれば、これは「(占領軍)政治部から突如、教育勅語の無効宣言を決議するように要求してきた」ことに抗しきれず、やむなく執った措置であります。むしろ二年前(昭和二十一年六月)、同氏は文部大臣として「教育勅語を蔽《おお》っていた神秘的なヴェール(奉読形式など)を取り除く」ならば、今後とも「その精神を理解し昂揚《こうよう》する必要がある」「古今東西の宗教や倫理道徳の体系と並び……将来の我が国民の為には、特に重要で且《か》つ親しみのある教訓の一つとして取扱わるべきものである」と答弁しています。

また、翌二十二年三月「教育基本法」の法案審議中、高橋誠一郎文部大臣も「教育勅語と教育基本法との間に矛盾と称すべきものはない」と述べています。さらに文部省の予想答弁書によれば、教育基本法には「教育勅語の良き精神が引き継がれている」とあり、「教育勅語には人類普遍の道徳律が含まれている」と認識していたのです。

このようにみてまいりますと、戦後の日本も、〝明治の三大傑作〞は、そのまま全面的にでないにせよ、基本的な理念を引き継いでいると考えて差し支えありません。むしろ占領の解けた講和独立後は、その基本理念をより積極的に活かすため、たとえば小・中・高校の「学習指導要領」なども、大いに改善されてきました。とりわけ、入学式や卒業式などでは国旗掲揚・国歌斉唱をしなければならない、というような規定も平成元年から明示され、その十年後に「国旗・国歌法」まで制定されるに至ったのであります。

この「国旗・国歌法」は、一見、「日章旗」（日の丸）と「君が代」を長年の慣習に従い日本の国旗・国歌として成文化したものにすぎません。しかし実は、「君が代」の君は「日本国および国民統合の象徴である天皇をさす」との政府統一見解が公認されたことによって、我が国は象徴世襲天皇を中核とする〝ミカドの国〞であり「立憲君主国」にほかならないことが、いわば再発見されて広く再認識されたところに、最も大きな意義があるのだと思われます。

ちなみに、「君主制」といえば、文字面から民主主義の対立概念と錯覚されて、民意を無視した専制君主制を連想されるかもしれません。しかし、今や世界に二十数か国となった君主制をとる国々の大部分は、君主も憲法に従う立憲君主制であります。しかも日本の場合、建国の大昔から天皇が民意を最も重視してこられたことは、たとえば『日本書紀』の神武天皇即位前紀に、次のような「令《のりごと》」が掲げられています。

それ大人《ひじり》の制《のり》を立つる、義《ことわり》必ず時に随ふ。いやしくも民に利《さち》有らば、何ぞ聖《ひじり》の造《わざ》に妨《たが》はん。今まさに山林を抜き払《ひら》ひ、宮室を経《おさ》め営《つく》り、恭《つつし》みて宝位《たかみくら》（皇位）に臨み、以て元元《おおみたから》（国民）を鎮め、上は則ち乾霊《あまつかみ》（天照大神）の国を授けたまひし徳《みうつくしび》に答へ、下は則ち皇孫《すめみま》の正しきを養ひたまひし心を弘むべし。然して後に、六合《くにのうち》を兼ねて都を開き、八紘《あめのした》を掩《おお》ひて宇《いえ》と為さんこと、亦可《よ》からずや。……

もちろん、このような文章（原漢文）は、後代（最終的には『日本書紀』編纂時）に整えられたものでしょうが、その根本は古くからあり、立派な「大人《ひじり》」＝「聖」（日知《ひじり》の君＝天皇）は常に多くの「民」＝「元元《おおみたから》」（全国民）に「利《さち》」（幸）あらしめることを心がけ、「八紘」（天下）を「宇」（家）のように和合させることこそ、建国以来の統治理念として伝承されていたものと思われます。これはまさに民を本とする〝民本思想〟であり、それが歴代天皇に受け継がれ、第一二五代の今上陛下に及んでいるのであります。

このような民本思想は、世襲の君主であれ、共和制の大統領であれ、国家の最高責任者（元首）に不可欠な考え方です。しかし、数年の任期ごとに選挙を戦い政敵に勝ち抜かねばならない大統領などの場合は、味方の利益を図り大衆に迎合しがちです。それに対して、世襲の地位を継ぎ無期限に在任する君主の場合は、利害を超えて全国民のために心を配り、政治家などに道徳的な影響力を与えることができます。それゆえに、世界で今や数少ない君主国のほうが、共和制の国々よりも政治的に安定し経済的にも繁栄しているといわれています。その代表例が〝ミカドの国〟日本にほかなりません。

今日（十二月二十三日）は、「国民の祝日」の一つに定められている「天皇誕生日」です。ふだん私どもは、天皇陛下の御存在をあまり意識しませんが、陛下のほうでは常に日本国の平和と全国民の平安を祈り願い続けておられます。このような天皇陛下の御誕生日を心から奉祝するとともに、広大無辺な大御心に感謝を申し上げ、さらに〝ミカドの国〟日本が今後とも永続し発展するよう、お互いに応分の努力をしようではありませんか。

付録1　「日の丸・君が代」関係略年表

（年次）	（A・D）	（月）　関係事項
推古15年	六〇七	○遣隋使の国書に「日出処天子、致書日没処天子……」と見える（隋書）。
大宝元年	七〇一	正・朝賀の儀に「日像幢」等を樹てる。8・『大宝律令』制定、「日本」国号確立。
延喜5年	九〇五	○『古今和歌集』勅撰、賀歌「わが君は千代に八千代に……」収載。
保元元年	一一五六	○源義朝「日出シタリケル紅ノ扇」を使う。旗指物の用例も段々増加。
文治元年	一一八五	○歌人顕昭著『古今集註』に「この歌、常には、キミガヨハ……」と見える。
慶長5年	一六〇〇	9・徳川家康ら「朱丸」「日の丸」の旗指物を使う。
寛永11年	一六三四	○奉納絵馬の朱印船に〝日の丸〟見える。将軍御座船に〝朱の丸〟旗専用。
弘化3年	一八四八	○箕作阮甫訳（蘭書）『外蕃旗譜』刊。他にも類似の書続出。
嘉永6年	一八五三	6・ペリー浦賀に来航。11・薩摩藩主島津斉彬、「白帆に朱ノ丸」の採用建白。
安政元年	一八五四	7・11日　幕府「日本総船印ハ白地日ノ丸幟」と布告。
安政6年	一八五九	正・幕府「大艦ニハ御国、総標……白地日ノ丸旗、艫綱へ」掲揚を指示。
万延元年	一八六〇	正・咸臨丸〝日の丸〟を掲げ出航。4・ニューヨークなどに「旭章旗」翻る。
文久2年	一八六二	正・小笠原の竹島に「日章旗」を掲げる。○遣欧使節「日章旗」で歓迎される。
明治3年	一八七〇	正・27日　太政官「商船郵船規則」で「御国旗ノ寸法」等布告。
〃	〃	○英人軍楽隊長フェントン、大山巌ら提示の「君が代」に作曲。御前披露。
明治5年	一八七二	3・太政官、開港所在県庁に「国旗」掲揚指示、一般の祝日国旗掲揚通達。
明治10年	一八七七	○太政官、外国渡航の日本商船に「国旗」掲揚指示。
〃	〃	○中村正直の依頼により奥好義と林広季が「保育唱歌」として「君が代」撰譜。
明治13年	一八八〇	10・独人軍楽隊教師エッケルト、右の譜を編曲、林広守が一部修訂。11・御前吹奏。
明治14年	一八八一	9・文部省『小学唱歌』初篇に「君が代」所収（二番もある）。

明治15年	一八八二	正・文部省「国歌の資料」選定を音楽取調掛に命ずる。伊沢修二「明治頌」上申。
明治21年	一八八八	○『大日本礼式 JAPANISCHE HYMNE』（君が代総譜）を米欧条約国などへ送付。
明治26年	一八九三	8・文部省、全国の小学校に「祝日大祭日儀式唱歌」として「君が代」告示。
明治32年	一八九九	3・「船舶法」に日本船舶の「国旗」掲揚を明確に規定。
明治33年	一九〇〇	8・「小学校令施行規則」により三大節の儀式で「君が代」合唱（斉唱）を規定。
明治41年	一九〇八	10・「刑法」に外国の国旗汚損破壊罪を規定。
大正元年	一九一二	8・内閣令により「大喪中の国旗（半旗）掲揚図式」を告示。
昭和5年	一九三〇	12・内閣書記官長「国旗掲揚の方法」等につき文部省に回答。
昭和6年	一九三一	2・「大日本国旗法案」衆議院議決（貴族院審議未了）。
昭和13年	一九三八	○「日の丸行進曲」作製。終戦まで国旗・国歌の扱いも軍事色強調。
昭和20年	一九四五	9・GHQ「日の丸」の公式掲揚を禁止（22年5月・23年4月一部許可）。
昭和24年	一九四九	正・マッカーサー「国旗掲揚制限解除」を発表。
昭和25年	一九五〇	10・天野貞祐文相、国旗掲揚・国歌斉唱を「望ましい」と全国の教委に通達。
昭和33年	一九五八	10・文部省「学習指導要領」に国旗掲揚・「君が代」斉唱を「望ましい」と告示。
昭和37年	一九六二	○政府、全国官公庁に国旗掲揚を通達。社団法人「国旗協会」の前身設立。
昭和43年	一九六八	5・文部省「学習指導要領」を改訂、従来の方針を継承。
昭和49年	一九七四	12・総理府世論調査で「君が代」を国歌と考える者77%。
昭和52年	一九七七	7・文部省「学習指導要領」を改訂し「君が代」を「国歌」と明記。
平成元年	一九八九	3・文部省「学習指導要領」を改訂し、国旗掲揚・国歌斉唱の指導強化。
平成5年	一九九三	3・沖縄地裁「日の丸は国旗」と判示。小学校卒業式での国旗掲揚率98%強。
平成6年	一九九四	10・村山首相（社会党出身）、国旗「日の丸」・国歌「君が代」容認。
平成11年	一九九九	8・小渕内閣提出の「国旗・国歌法案」成立（衆院82%強・参院70%強）。

付録2　おもな参考文献

①森重民造編『世界の国旗・国歌総覧』（昭51、岩崎書店）
②吹浦忠正『国旗についての十二章』（昭59、日本ＹＭＣＡ出版）
③髙田三九三『世界の国歌全集・一九八九年版』（平元、共同音楽出版）
④国民文化協会編『事典・シンボルと公式制度―日本篇』（昭43、国際図書）
⑤安津素彦『国旗の歴史』（昭47、桜楓社）
⑥山田孝雄『君が代の歴史』（昭36、宝文館）
⑦佐藤仙一郎『日本国国歌正説』（昭49、全音楽譜出版社）
⑧所　功『国旗・国歌の常識』（平2、近藤出版社→平5、東京堂出版）
⑨内藤孝敏『三つの君が代』（平8、中央公論社→平11、中公文庫）
⑩松本健一『「日の丸・君が代」と日本』（平11、論創社）
⑪美濃部達吉『新憲法概論』（昭22、有斐閣）
⑫榎原猛『君主制の比較憲法学的研究』（昭44、有信堂）
⑬坂本多加雄『象徴天皇制度と日本の来歴』（平7、都市出版）
⑭所　功『皇室の伝統と日本文化』（平8、モラロジー研究所）
⑮亀井俊介訳／Ｗ・Ｅ・グリフィス著『ミカド』（昭47、研究社→平7、岩波文庫）
⑯宮内庁編『道―天皇陛下御即位十年記念記録集』（平11、ＮＨＫ出版）
⑰稲川誠一『学習指導要領をどう見直したらよいか』（昭58、日刊工業新聞社）
⑱上杉千年『教育基本法の問題点』（昭59、善本社）
⑲吉田和男『憲法改正論―21世紀の繁栄のために―』（平8、ＰＨＰ研究所）
⑳波多野里望『逐条解釈　児童の権利条約』（平6、有斐閣）
※所　功『日本国憲法「天皇」の再検討』（平25、国民会館叢書）

〈三版付記〉

本書重版の際、第一章前の余白（八頁）に人名索引と第二章後の余白（一四〇頁）に追記を加えた。このたび三版の機に恵まれたので、さらに付記しておきたいことが二つある。

その一つは、「教育基本法」が成立から六十年目の平成十八年（二〇〇六）十二月、初めて大改正されたことである。これは本書の第三章四などで提唱し念願してきた方向に適っており、慶賀にたえない。すなわち、改正法（むしろ新教育基本法）は、前文に「伝統を継承し、新しい文化の創造を目指す」と明確な理念を掲げ、第二条の五で「伝統と文化を尊重し、それらをはぐくんできた我が国と郷土を愛するとともに、他国を尊重……する態度を養うこと」を具体的な目標に示している。

これはまさに画期的なことである。今後、この理想・目標に沿った学習指導要領の改訂をはかり、また、検定教科書の改善も、小中高現場教育の改革も、大いに進むことを念じてやまない。

もう一つは、二〇二〇（平成三十二）年に二度目の東京オリンピック・パラリンピック大会の開催が内定したことである。その極め付けが「お・も・て・な・し」であったことが、まことに喜ばしい。

これによって、多くの人々が内外の国旗・国歌にも関心を高められることであろう。さらに日本人らしい「お持て成し」（思いやり・助け合い）が、さまざまな形いろいろな所で従来以上に発揮されるならば、それこそ日本の国柄（ソフト・パワー）として国際的にも広く理解されることであろう。

このような明るい未来を拓くためにも、本書が少しでも役立つならば幸いである。

（平成二十六年一月十五日記）

所　功（ところ・いさお）
昭和16年（1941）12月12日、岐阜県生まれ。41年、名古屋大学大学院修士課程修了。皇學館大学助教授、文部省教科書調査官を経て、56年より京都産業大学教授。法学博士（慶應義塾大学、日本法制文化史）。平成24年度より京都産業大学名誉教授、モラロジー研究所研究主幹、麗澤大学客員教授、皇學館大学特別招聘教授。
一般書に『三善清行』（吉川弘文館）、『菅原道真の実像』（臨川書店）、『年号の歴史』（雄山閣出版）、『国旗・国歌の常識』（東京堂出版）、『伊勢神宮』（講談社学術文庫）、『京都の三大祭』（角川選書）、『「国民の祝日」の由来がわかる小事典』『皇位継承のあり方』（PHP新書）、『天皇の人生儀礼』（小学館文庫）、『天皇の「まつりごと」』（NHK出版生活人新書）、『皇室典範と女性宮家』（勉誠出版）、『皇室の伝統と日本文化』『歴代天皇の実像』『皇室に学ぶ徳育』（モラロジー研究所）、共著『皇位継承』（文春新書）、編著『皇室事典』（角川学芸出版）、『日本年号史大事典』（雄山閣出版）など。

国旗・国歌と日本の教育
The National Flag, the National Anthem, and Japanese Education

平成12年 2 月15日　初版第1刷発行
平成26年 1 月30日　　　第3刷発行

著者　所　功
発行　公益財団法人 モラロジー研究所
〒277-8654 千葉県柏市光ヶ丘 2-1-1
TEL.04-7173-3155（出版部）
http://www.moralogy.jp/
発売　学校法人 廣池学園事業部
〒277-8686 千葉県柏市光ヶ丘 2-1-1
TEL.04-7173-3158
印刷　横山印刷株式会社

ISBN 978-4-89639-018-6